中國学術思想 研究輯刊

二六編

林慶彰 主編

第7冊

宋元時期《悟眞篇‧注》的內丹理論研究
——以翁葆光《悟眞篇‧注》爲討論核心

段致成 著

花木蘭文化事業有限公司

國家圖書館出版品預行編目資料

宋元時期《悟真篇‧注》的內丹理論研究——以翁葆光《悟
真篇‧注》為討論核心／段致成 著—初版—新北市：花
木蘭文化事業有限公司，2017〔民106〕
目 2+146 面；19×26 公分
（中國學術思想研究輯刊 二六編；第 7 冊）
ISBN 978-986-485-177-5（精裝）
1.（宋）翁葆光 2.道教修鍊 3.宋元哲學
030.8   106014204

ISBN-978-986-485-177-5

9 789864 851775

中國學術思想研究輯刊
二六編　第七冊　　　　　ISBN：978-986-485-177-5

宋元時期《悟眞篇‧注》的內丹理論研究
——以翁葆光《悟眞篇‧注》爲討論核心

作　　者　段致成
主　　編　林慶彰
總 編 輯　杜潔祥
副總編輯　楊嘉樂
編　　輯　許郁翎
出　　版　花木蘭文化事業有限公司
社　　長　高小娟
聯絡地址　235 新北市中和區中安街七二號十三樓
　　　　　電話：02-2923-1455／傳眞：02-2923-1452
網　　址　http://www.huamulan.tw 信箱 hml 810518@gmail.com
印　　刷　普羅文化出版廣告事業
封面設計　劉開工作室
初　　版　2017 年 9 月
全書字數　140124 字
定　　價　二六編 12 冊（精裝）新台幣 22,000 元

宋元時期《悟眞篇・注》的內丹理論研究
——以翁葆光《悟眞篇・注》爲討論核心

段致成 著

作者簡介

段致成（Duan Chih-ch'eng），1970 年生，台灣台南人。

國立臺灣師範大學國文研究所博士

※現職爲 國立台北商業大學通識教育中心專任助理教授

※曾任 國立臺灣師範大學國文系兼任講師、國立臺北科技大學通識中心兼任助理教授

※研究領域爲：道教思想文化、道教內丹學、道教易學與《周易》象數學

※著有博士論文：《道教丹道易學研究——以《周易參同契》與《悟眞篇》爲核心的開展》

※出版專書：《太平經思想研究》（台北：花木蘭出版社，2011 年 9 月）

※單篇論文：

1 〈《抱朴子・內篇》中論「儒道關係」初探〉

2 〈試論金丹南宗張伯端之「內丹」思想與「禪宗」的關係〉

3 〈修丹與天地造化同途——試論「外丹」與「內丹」派對《周易參同契》的不同詮釋路徑〉

4 〈俞琰的丹道易學思想研究〉

5 〈一個「詮釋學」的觀點——北海老人《談眞錄》之「內丹」思想初探〉

6 〈試論張伯端法脈的傳人與「南宗」法脈的定義〉

7 〈試論翁葆光《悟眞篇・注》的內丹理論——以「煉己修性」之法爲討論核心〉

提　要

　　本論文除了論述〈試論張伯端法脈傳人與「南宗」法脈的定義〉與〈現存南宋金元時期《悟眞篇》註本分析與「悟眞學」的提出與定義〉外，主要是論述翁葆光《悟眞篇・注》內丹理論中的「煉己修性」、「玄關開竅」、「先天一氣」、「金液還丹」等命題以及「九轉金液還丹」與「佛教禪學」的關係。

目
次

導　論

　　張伯端《悟眞篇》是宋元時期金丹派南宗形成與發展的根源性及奠基性
作品，在丹道史上與魏伯陽《周易參同契》齊名。不同於《周易參同契》有
內、外丹的文本（text）性質區別與爭論，《悟眞篇》則爲純粹內丹作品。《悟
眞篇》歷代註家甚多，因對《悟眞篇》註解意見及實踐方法的歧異，形成所
謂內丹清修派與陰陽雙修派的文本（text）區別與爭論。此種狀況與現象形
成後來所謂《悟眞篇》史料文獻系統，此系統又可統稱爲「悟眞學」。〔註1〕

　　現存南宗史料文獻可大致分爲：一是淵源類，二是祖師張伯端《悟眞篇》
及其注疏類，三是二祖、三祖、四祖類，四是五祖白玉蟾及其後裔類，五是
非白玉蟾系類，六是南北合宗類。〔註2〕筆者本論文主要關注的焦點是第二
類中之「《悟眞篇》注疏類」。並設定研究的焦點爲第二類中之「翁葆光《悟
眞篇・注》」（即《紫陽眞人悟眞篇注疏》中之翁葆光注與翁葆光《悟眞篇注
釋》，另外還包括《紫陽眞人悟眞直指詳說三乘秘要》及《紫陽眞人悟眞篇
拾遺》。以下本系列論文皆簡稱爲「翁葆光《悟眞篇・注》」）。〔註3〕

〔註1〕　關於「金丹派南宗」的定義以及《悟眞篇》清修派與陰陽雙修派的文本（Text）
　　　　區別，見於：拙著〈試論張伯端法脈傳人與「南宗」法脈的定義〉，《成大宗
　　　　教與文化學報》第19期，2012年12月，頁23～56。關於「悟眞學」的定義，
　　　　請見：本書〈貳、現存南宋金元時期《悟眞篇》註本分析與「悟眞學」的提
　　　　出與定義〉。

〔註2〕　此說法見於：蓋建民《道教金丹派南宗考論・上・第二章　南宗典籍文獻史
　　　　料厘正與輯存》，北京：社會科學文獻出版社，2013年6月，頁100。

〔註3〕　關於「翁葆光《悟眞篇・注》」一詞定義的詳細說法見於：本書〈貳、〈現存
　　　　南宋金元時期《悟眞篇》註本分析與「悟眞學」的提出與定義〉。

　　翁葆光之所以值得注意，除了其註解過《悟眞篇》，對於《悟眞篇》雙修派的理論完善與發展產生了很大的作用力與影響力外，最重要的因素是：翁葆光《悟眞篇・注》是結合了「馬默一系」的文本承傳與「劉永年一系」的丹法口訣傳承，可說是張伯端法脈「三系說」中《悟眞篇・注》的文本詮釋學之嫡傳與正宗。〔註4〕此外，特別需要說明的是：關於「翁葆光《悟眞篇・注》」的文獻內容，筆者在爬梳時發現在「煉己修性」、「玄關開竅」、「先天一氣」與「金液還丹」等四部份的文獻內容，整體上有不夠完整、缺漏之處，而這四個部份又分別是翁氏內丹思想之「金丹」與「金液還丹」的重要命題。所以筆者在本系列論文中除了詮釋及論述翁氏內丹思想外，將以補苴罅漏的增補方式，以其他的內丹文獻補充之！冀望此舉能完整地呈現翁氏的內丹思想。

　　關於筆者以補苴罅漏的增補方式來還原翁氏內丹思想之「金丹」與「金液還丹」中所闕漏的內容，此方法對於本系列論文所設定的研究焦點：詮釋「翁葆光《悟眞篇・注》的內丹理論」，是否得宜？關於此問題，筆者認爲如果以法國詮釋學家保羅・里柯（Paul Ricoeur，1913～）的「文本」（text）詮釋理論中「作者」（author）、「作品」（work）與「讀者」（reader）關係的說法，此方法是俱有合理性的。理由是：「文本一旦完成之後，便與作者脫離關係，變成了另一種存在。……作品的意義於是有一大部分是依賴讀者來補充和完成，它的意義結構在某種程度上是開放的，讀者藉著自身不同的文化、歷史背景，來發掘作品本身的意義，以他和作者之間的時空距離來重新闡揚作品意義。因此里柯所談到的『疏離或距離』是有雙方面的意義，一方面是作品與作者的疏離關係，也就是文字媒介居中介入後，作品便成爲客觀存在的事實；另一方面則是讀者與作者及作品在時空、經驗上的差距。」〔註5〕換言之，「利科雖然指出文本一但問世之後即形成自主的生命，但是閱讀和詮釋事件又再使文本的意義在另一時空的環境下與讀者交織，以致進一步依賴讀者來補充和完成它新的意義世界。……讀者就是因爲藉著他與作者之間的時空距

〔註4〕上述說法的詳細論述見於：拙著〈試論翁葆光《悟眞篇・注》的內丹理論——以「煉己修性」之法爲討論核心〉，《成大宗教與文化學報》20期，2013年12月，頁87～88。

〔註5〕廖炳惠著《里柯・第四章　詮釋理論：解釋與暸解》（台北：東大圖書公司，1993年10月，頁93～94）。

離而能夠擴大文本的意義。」〔註6〕

　　也就是說，當「翁葆光《悟眞篇・注》」成爲一部作品（文本）後，它就與作者（翁葆光）產生「遠離」（又稱疏離或距離，distanciation）。因此，作者（翁葆光）不再是唯一的意義來源。讀者（筆者）經過閱讀與詮釋後，可以補充與完成「翁葆光《悟眞篇・注》」在後世的新意義，並因時空距離的關係，擴大「翁葆光《悟眞篇・注》」這個文本的意義。易言之，「在重新喚起文本意義的過程中，詮釋者自己的思想總是已經參與了進去。……詮釋者的期望乃是通過問題和揀選的方式在詮釋文本過程中參與進來的。即是說詮釋者的期望藉著文本的揀選和假設的研究問題而注入理解的流程中去。」〔註7〕換言之，當筆者揀選「煉己修性」、「玄關開竅」與「先天一氣」以及「金液還丹」這幾個命題時，筆者已經對「翁葆光《悟眞篇・注》」這個文本做出詮釋，筆者的思想已經參與及滲入「翁葆光《悟眞篇・注》」這個文本中！這就說明「宗教經典的獨特性質是，從論述開始、成爲作者的作品、及後脫離作者自成一獨立的文本世界、直到不斷與讀者的心靈交碰而達到新的自我理解。……隨著不同讀者的詮釋參與，宗教經典與讀者不斷可以交織出各種新的自我理解。宗教經典的詮釋不能脫離這個經由經典與詮釋者構成的詮釋事實。基於文本詮釋必是一件包括由文本本身和詮釋者合而共成的事情，因此我們相信宗教經典的意義亦是需要不斷通過理解者的參與而達至完成的。」〔註8〕

　　〈試論張伯端法脈傳人與「南宗」法脈的定義〉一文，最初發表於 2012年 12 月由政大宗教研究所主辦的「丹道實踐與人文、科技相遇——2012 年國際宗教生命關懷學術研討會」中，會議後集結於：李豐楙主編《丹道實踐：近代人文與科技相遇的養生文化》（台北：政大出版社，2013 年 12 月，頁 271～303）一書中，並刊於：《成大宗教與文化學報》第 19 期（2012 年 12 月，頁 23～56）。其主旨在論述張伯端法脈傳人，如果以流傳或註解《悟眞篇》爲基準，大概可以分成三系：（1）馬默一系（2）石泰一系（3）劉永年一系。馬默一系，主要對《悟眞篇》的文獻保存與流傳，發揮很大的作用與影響力。

〔註6〕　黎志添著《宗教研究與詮釋學——宗教學建立的思考・第三章　宗教詮釋學：宗教經典的詮釋方法》（香港：中文大學出版社，2003 年，頁 47）。

〔註7〕　同上，頁 42～43。

〔註8〕　同上，頁 53～54。

石泰一系，公認爲張伯端的嫡傳正宗法脈。其中薛道光與陳致虛先後註解過《悟眞篇》傳世。劉永年一系，爲張伯端法脈的別傳，其中翁葆光對《悟眞篇》作出陰陽雙修的詮釋。此外，還有一些自稱承傳張伯端法脈者或承傳不明而註解過《悟眞篇》傳世者，不在此三系之中。這些張伯端法脈傳人或自稱承傳張伯端法脈者，後世統稱爲「金丹派南宗」、「金丹南宗」、「紫陽派」及「全眞教南宗」或直接簡稱爲「南宗」。所謂「南宗」，筆者認爲應該採取比較寬鬆的說法，即包含：（1）馬默一系（2）石泰一系（3）劉永年一系。另外，還有一些自稱承傳張伯端法脈者或承傳不明而註解過《悟眞篇》傳世者（這些人宋元時期有：葉文叔、袁公輔、陳達靈、戴起宗、陸墅、夏宗禹等）。換言之，只要宗奉張伯端的《悟眞篇》丹法，包含張伯端法脈的「嫡傳」、「別傳」、「承傳不明者」及「註解《悟眞篇》者」這四項，皆可稱作張伯端南宗法脈的後學成員。

〈現存南宋金元時期《悟眞篇》註本分析與「悟眞學」的提出與定義〉一文，其主旨在論述：本文分成兩部份，在「現存南宋金元時期《悟眞篇》註本分析」中，首先依據《正統道藏》（三家本）中所收錄《悟眞篇》五種注釋版本（「修眞十書本」、「翁注釋本」、「翁注戴疏本」、「三註本」及「講義本」）進行結構概述並完成結構列表工作以及五種注本之結構內容差異概略分析。接著，論述《悟眞篇》有無「定本」與「別本」的問題。並定義了何謂「定本」及「別本」。在「悟眞學的提出與定義」中，筆者首先敘述「悟眞學」的定義。接著，敘述「悟眞學」成立的條件。

〈試論翁葆光《悟眞篇·注》的內丹理論——以「煉己修性」爲討論核心〉一文，刊載於：《成大宗教與文化學報》第 20 期（2013 年 12 月，頁 85～110）。其主旨在論述：本文首先以「內丹隱語：《陰符經》式的藏詞」一語，來點出翁葆光《悟眞篇·注》中所含蘊的煉己修性之法的表現形式，認爲翁氏可能是有意地使用隱語藏詞而巧妙地隱藏了這個命功修鍊前的「煉己修性」之法！其次，筆者運用歷來的《悟眞篇》註解：關於「煉己修性」之法的內容，來展現與證明這個被翁氏刻意或巧妙地隱藏的「煉己修性」之法，以加深筆者論斷說法（內丹隱語：《陰符經》式的藏詞所含蘊的煉己修性之法）的可性度與強度！最後，因爲運用歷來的《悟眞篇》註解引文所恢復及還原這個「煉己修性」之法的內容不夠細緻，有些細部的內容還是語焉不詳。比如除了閉塞五根感官外，要如何降伏外放的心思慮念而收神入靜？有何具體的

操作方法嗎？這個具體方法在上述的補充資料文獻中是闕而弗錄的！所以筆者再運用其他（歷來《悟眞篇》註解文句以外）的內丹文獻資料來補足與論述這個具體操作方法。並得出這個具體操作方法即是：「心息相依」之法！

〈試論翁葆光《悟眞篇・注》的內丹理論——以「玄關開竅」與「先天一氣」爲討論核心〉一文，最初發表於 2015 年 11 月由高雄師範大學經學研究所主辦的「2015 海峽兩岸道教經典學術研討會」中，後修改刊於：《成大宗教與文化學報》，22 期（2015 年 12 月，頁 109～158）。其主旨在論述：翁葆光《悟眞篇・注》中整個金丹修煉的過程，包括「煉己修性」、「玄關開竅」以及「盜奪先天眞一之氣」等三項主要內容。本論文主要是在「煉己修性」一文的基礎上，接續論述「玄關開竅」與「先天一氣」這兩個命題。在「玄關開竅」的部份，筆者論述了何謂「玄關」？何謂「玄關開竅」？這兩個主題。其內容主要在說明「玄關」的六項意涵以及「先天陰陽」與「二八眞陰眞陽同類無情之物」這兩項。在「盜奪先天眞一之氣」的部份，筆者則論述：一、何謂「先天眞一之氣」？二、「先天一炁」內包含有「龍之弦氣」與「虎弦之氣」；三、如何「盜奪先天眞一之氣」？易言之，這部分內容主要在論述爲何與如何要「盜奪先天眞一之氣」的理由與方法。此外，爲何「玄關一竅」中的「眞陰眞陽」含有「先天一炁」的特質？易言之，即人身中爲何會潛藏有先天眞一之氣？關於這個問題牽涉到「生身受氣初」之「原始祖氣」的內容。不過，翁氏《悟眞篇・注》中對於這部份的內容是闕而弗錄的！因此，筆者本文則引用其他的內丹資料來作補苴罅漏的工作。

〈試論翁葆光悟眞篇注的內丹理論——以九轉金液還丹與佛教禪學爲討論核心〉一文，刊載於：《新世紀宗教研究》，15 卷 3 期，2017 年 3 月，頁 81～117）。其主旨在論述：本文首先對翁葆光《悟眞篇・注》中「九轉金液還丹」功法的文獻內容做出了名詞術語解釋，包括：（1）「面壁九年」、（2）「抱一與抱元九載」、（3）「鍊氣成神」、（4）「以神合道」、（5）「形神俱妙」、（6）「與道合眞」、（7）「明心見性」、（8）「性命雙圓」、（9）「最上一乘」。其次，發現翁氏在敘述「最上一乘丹法」的內容時，喜歡引用佛教禪學的語言、典故與思想。這些佛教禪學的用語與典故除了「面壁九年」與「明心見性」外，有代表性的尚有：（1）「釋子收牛」、（2）「隻履西歸」、（3）「龍女獻珠、龍女成佛」這三項。筆者亦對這三項內容做了名詞術語的解釋。最後，在翁葆光

對於佛教禪學的評論中，焦點集中在其是否是性命雙修，還是僅是偏於修性的評論時，引申出判教内丹學與佛教（二乘禪法）的修行優劣，亦即是區分「陽神」與「陰神」的問題。筆者在此定義了何謂「陽神」與何謂「陰神」，並將「陰神」與「鬼仙」產生連結，以及「陽神」與「神仙」（陽仙）產生連結的原因做出論述說明。

壹、試論張伯端法脈的傳人與
「南宗」法脈的定義

一、前　言

　　《悟眞篇》成書於北宋神宗熙寧八年至元豐元年（1075～1078）之間〔註1〕，作者爲張伯端（984～1082）。〔註2〕《悟眞篇》成書後，經歷約一世

〔註1〕　《悟眞篇・前序》云：「僕既遇眞詮，安敢隱默，罄所得，成律詩九九八十一首，號曰《悟眞篇》。……所期同志覽之，則見末而悟本，捨妄以從眞。時皇宋熙寧乙卯歲旦。天臺張伯端平叔序。」（《紫陽眞人悟眞篇注疏》，（三家本），第二冊，頁915中、下）、《悟眞篇・後序》曰：「此《悟眞篇》中，所詠大丹、藥物、火候細微之旨，無不備悉。倘好事者夙有仙骨，覯之則智慮自明，可以尋文解義，豈須僕區區授之矣。如此，乃天之所賜，非僕之輒傳也。……時皇宋元豐改元戊午歲月戊寅日張用成平叔序。」（同上，頁968中）。

〔註2〕　關於張伯端的生卒年，目前有四種說法：翁葆光《紫陽眞人悟眞直指詳說三乘祕要》認爲是閱世96歲（987～1082）（《道藏》（三家本），第二冊，頁1020）、《歷世眞仙體道通鑒・卷四十九・張用成》中稱張伯端住世99歲（984～1082）（《道藏》（三家本），第五冊，頁383）。柳存仁《張伯端與悟眞篇》一文的考證，認爲張伯端應該生於宋神宗熙寧九年（1076）左右，卒於宋高宗紹興二十五年（1155）左右（《和風堂文集・中冊》，上海古籍，1991年10月，頁788～795）；朱越利《張伯端的生平和丹法流傳》一文則贊同柳存仁先生的看法，不過對其推測稍加調整，將張伯端的生年向前提25～30年，卒年再向前提10～15年（約1046～1145）（《道教研究》第一輯：四川人民出版社，1994年，頁34～35）；此外，也有對柳存仁先生的考證提出質疑的說法，如周全彬認爲：柳氏之推斷甚爲草率，其所持理由是因其誤讀《道藏》之《悟眞篇注疏》諸序，而導致柳存仁的結論大誤。詳細論說見於董沛文主編、周全彬、盛克琦編校《悟眞抉要──道教經典《悟眞篇》注解集成・上・前言》（北京：宗教文化出版社，2010年12月，頁5）。

紀的沉寂〔註3〕，南宋金元時期形成註解《悟眞篇》的學術流派。〔註4〕這些學術流派因爲對於《悟眞篇》丹法的見解歧異，因而形成所謂「清修」與「陰陽雙修」丹法的派別。〔註5〕

　　在談論南宋金元時期《悟眞篇》的註解著作前，有必要先對張伯端的傳人做一扼要說明。因爲這些自稱張伯端法脈的傳人，往往同時也是《悟眞篇》的註解者與流通者。透過對這些張伯端法脈傳人的文獻梳理，可以得出所謂的南宗傳法系譜，並且能在進（下）一步的南宗丹道思想理論建構前，先行確認這些自稱張伯端法脈傳人的確切丹道功法性質及法脈的定位點與焦點所在。

　　張伯端法脈傳人，如果以流傳或註解《悟眞篇》爲基準，大概可以分成三系：（1）馬默一系（2）石泰一系（3）劉永年一系。由於現存文獻資料關於「馬默一系」與「石泰一系」的記載是比較確定的，所以相對之下可以論述的成份就比較少（可以討論的空間有限）。因此，本文在「張伯端法脈的傳人」一節中，將把論述的重點及焦點集中在「劉永年一系」！在「南宗法脈的定義」一節中，

以上關於張伯端的生卒年以及生平事蹟與師承的詳細說明，見於：拙著《道教丹道易學研究——以《周易參同契》與《悟眞篇》爲核心的開展》〈第五章　張伯端《悟眞篇》與《周易參同契》的關係‧第一節　張伯端的生平事蹟及著作的內容結構〉（國立臺灣師範大學國文所博士論文，2005年7月，頁120～125）。

〔註3〕現存《悟眞篇》最早的註本，是收錄於《修眞十書‧悟眞篇》中北宋葉士表（字文叔）的註解（《道藏》（三家本），第四冊，頁714上～743下）。葉士表註書的時間是在南宋紹興31年（1161），戴起宗《悟眞篇注‧辨》云：「葉士表註在紹興三十一年辛巳」（《紫陽眞人悟眞直指詳說三乘祕要》，（三家本），第二冊，頁1025下）。

〔註4〕南宋金元時期，《悟眞篇》丹法的流傳可分爲四個階段：第一階段爲宋高宗、孝宗時期（1145～1189），特點是出現注疏與學派；第二階段爲宋光宗、寧宗時期（1190～1224），特點是《悟眞篇》廣泛流傳，教派形成；第三階段爲宋理宗至宋亡（1225～1279），此時新派別與新著作大量湧現；第四階段爲元代（1279～1368），特點爲金丹派南、北宗合流成爲趨勢。詳細內容見於：朱越利〈金丹派南宗形成考論〉（《道韻（六）金丹派南宗（乙）》，台北：中華大道文化出版社，2000年2月，頁129～149）。

〔註5〕王沐先生曾提出：張伯端所傳弟子，有四個系統。第一爲石泰一系，第二爲劉永年、翁葆光一系，三爲趙緣督、陳致虛一系，四爲天台紫陽派。並認爲四個傳授系統中，第一、四系統爲清修派，二、三系統爲陰陽派。之後又提出兩宗（清修與陰陽）丹法均以《悟眞篇》爲祖經，但派系不同，注解各異。又列宋、元、明、清時期《悟眞篇》清修派注解7家、陰陽派注解11家。以上說法見於：《悟眞篇淺解‧附錄二《悟眞篇》丹法源流》（北京：中華書局，1990年10月，頁361～375）。

則將論述的焦點集中在辨析：是否只有白玉蟾所建立的南宗嫡傳法脈（祖述張伯端為祖師的嫡傳傳法譜系：張伯端→石泰→薛道光→陳楠→白玉蟾）才能稱為「南宗」？還是只要以張伯端的丹法為依歸或註解《悟真篇》或者兩者皆有，就可稱為「南宗」法脈的成員信徒？易言之，將對何謂「南宗」這個問題，作出定義與說明。並且筆者認為「張伯端的後學」應該包括：「嫡傳」、「別傳」、「承傳不明者」及「註解《悟真篇》者」這四項。並探討關於石泰與薛道光的內丹功法性質（清修或雙修或兩者皆有）的問題。

二、張伯端法脈的傳人

　　依據《悟真篇・後序》的說法，張伯端在完成《悟真篇》一書後，求學丹法者便輳集而來，因此張氏便開始「釋而授之」《悟真篇》的丹法。而且又有「三傳非人，三遭禍患」的說法。[註6] 這說明張伯端在《悟真篇》撰成前後，是有「傳法授徒」這一事實。

　　根據陸思誠（彥孚）《悟真篇記》、趙道一《歷世真仙體道通鑑・卷四十九・張用成》、〈薛紫賢事蹟〉、翁葆光《紫陽真人悟真篇注疏・序》、李簡易《玉谿子丹經指要・混元仙派之圖》、張伯端《金丹四百字・序》及《玉清金笥青華祕文金寶內鍊丹訣・題辭》等的記載，張伯端所傳授弟子知道姓名者計有：嫡傳金丹派南宗的石泰（1022～1158）[註7]、雙修派的劉永年（？

〔註6〕《紫陽真人悟真篇注疏・後序》云：「自後三傳非人，三遭禍患。……爾後欲解名籍，而患此道人不之信，遂撰此《悟真篇》，敘丹藥之本末。既成，而求學者輳集而來，觀其意勤，渠心不忍怪，乃釋而授之。然後所授者，皆非有鉅勢強力能提危拯溺，慷慨特達能明道之士。初再罹禍患，心猶未知，竟至於三，乃省前過。」（《道藏》（三家本），第二冊，頁968上）。

〔註7〕〈薛紫賢事蹟〉曰：「道源姓薛名式，陝府雞足山人也。嘗為僧，法號紫賢。……復雅志金丹道養。崇寧丙戌歲冬，寓郿縣青鎮，聽講佛事，適遇鳳翔府扶風縣杏林驛人石泰，字得之，年八十五矣，綠髮朱顏，神宇不凡，夜事縫紉。道源密察焉，心因異之，偶舉張平叔詩曲，石矍然，曰：識斯人乎。曰：吾師也。遂將語著於平叔者。平叔先生，舊名伯端，始於成都宿天回寺，遇異人，改名用成。鳳州太守怒按以事，坐黥竄。經由邠境，會天大雪，與護送者俱飲酒村肆，吾適肆中，既揖而坐，見邀同席，吾笑顧此眾：客方懼，彼客未成飲，盡來相就。於是會飲酒酣，問其故，且以告。吾念之曰：邠守，故人也。樂善忘勢，不遠百里，能迂玉趾，有因緣，可免此行。平叔懇諸護送者，許之諾，遂復丁邠。吾為之先，一見獲免。平叔德之，曰：此恩不報，豈人也哉。子平生學道無所得聞，今將丹法用傳于子以成道。吾再拜謝，仰受付囑。」（《紫陽真

～1168）〔註8〕、佛教徒劉奉眞（生卒年不詳）〔註9〕、馬自然（生卒年不詳）〔註10〕、王邦叔（生卒年不詳）〔註11〕與司農少卿馬默（1020～1100）

人悟眞直指詳説三乘秘要》，《道藏》（三家本），第二冊，頁 1024 中下）。

〔註8〕翁葆光《紫陽眞人悟眞篇注疏‧序》曰：「夫子（劉永年）嘗謂余（翁葆光）曰：天台仙翁（張伯端）道成，受命於上帝，爲紫玄眞人。黙相皇都，時常隱没，與世比肩，人莫之識。少偕我祖，肄業辟庸，惟翁不第。鳳挺靈根，因翫佛書，忽至擊竹有感，頓悟無生，直超眞空，清静性海。晚年遇青城丈人於成都，盡得金丹妙旨，洞曉陰陽顚倒互用之機，天地返覆生成之理。故能修眞復命，鍊形升於無形；抱一虛心，性命咸臻於空寂。是以形神俱妙，與道合眞，變化無窮，普現法界，即茲妙用，廣度群迷。……余固不才，幸踵仙翁之顏鑄。既承眞陰，寅夕不忘。」（《道藏》（三家本），第二冊，頁 911 下～912 下）；龍眉子《金液還丹印證圖‧後識》云：余師若一子嘗曰：曾聞我師無名子翁先生云：「吾師乃廣益順理子劉眞人，祖偕悟眞仙翁，肄業辟庸，惟翁不第，鳳植靈根，學道道遂。後因念其同舍之有孫，時在紹興戊午，劉遇悟眞得其道。願力不能成，遂刊彭眞人《參同契》義疏。隱於市朝，方便接引。既諧同志，乾道戊己歲，成道於虎丘山之下。叨竊仙恩，誤蒙眞陰，紹興中，於湔江跨浦橋，承眞人之顏陶鑄。」（《道藏》（三家本），第三冊，頁 109 上中）。

〔註9〕翁葆光《紫陽眞人悟眞篇注疏‧序》曰：「（張伯端）向在元豐間，與劉奉眞之徒，廣宣佛法，亦以無生留偈入寂。奉眞之徒已焚其蛻，獲舍利千百，其大如芡。後七年，奉眞之徒到王屋山，復會仙翁。」（《道藏》（三家本），第二冊，頁 912 上）；《歷世眞仙體道通鑑‧卷四十九‧張用成》云：「（張伯端）於元豐五年三月十五日，趺坐而化。……一好禪弟子，用火燒化，得舍利千百，大者如芡實焉，色皆紺碧。群弟子至，遂指謂曰：『此道書所謂舍利耀金姿也』。後七年，劉奉眞遇紫陽於王屋山，留詩一章而去。」（《道藏》（三家本），第五冊，頁 383 下）。

〔註10〕據李簡易《玉谿子丹經指要‧混元仙派之圖》的記載，張伯端的弟子中有名爲馬自然者。見於：《道藏》（三家本），第四冊，頁 405 中。又《修眞十書‧雜著指玄篇‧卷之五‧金丹四百字‧敘》云：「今因馬自然去，講此數語，汝其味之。」（同上，頁 621 下）。

〔註11〕《玉清金笥青華秘文金寶内鍊丹訣‧題辭》：遠師眞人王邦叔，不知何許人也。年十九，侍紫陽眞人爲弟子。凡九年，不知大道之自然，亦不請問。一日侍師至羅浮觀，先生曰：「子之從我，不爲不久。於金丹之訣，略不顧及，從我何爲？」邦叔再拜，曰：「匪不顧也，自揣玄微，必無此分。」先生曰：「嘻！自太極既分之後，一點靈光，人人有之。賢者不加多，愚者不加少。似子所言，是蔽其明也。吁！可哀也哉！」邦叔不覺涕泗交頤，頓首百拜，悲不能起。先生曰：「子去静室中，思吾此語，有所覺則急來。」邦叔拜辭，遂去幽房静室中静思。至夜，紫陽先生再詣其室，叩寢門，呼邦叔。聞之，趨而出迎。先生微笑曰：「吾一尋汝，便見頭目。爾爾日尋他，不得其杳然。」遂滅所執之燭煬而退。邦叔大窘，坐五更，大悟，通體汗流。待旦，以頌呈先生：「月照長江風浪息，魚龍遁迹水天平。筒中誰唱眞仙子，聲滿虛空萬籟清。」

〔註12〕等人。

　　上述六人當中，我們姑且不論其時代考查的真實性問題（如馬默、石泰的資料真實性較高，傳承年代的可信度較高，而劉永年、馬自然、王邦叔三人則有傳承的時代銜接因素問題與文獻作者偽造等問題）〔註13〕，其中值得

先生覽之，問曰：「誰唱誰聽？」邦叔遂答以詩曰：「莫問誰！莫問誰！一聲高了一聲低。阿誰唱，阿誰聽。橫豎大千說不盡。先生有意度迷徒，急撞靈台安寶鏡。鏡明澄靜萬緣空，百萬絲絛處處通。斗轉星移人睡定，覺來紅日正當中。」先生出金丹圖，傳與邦叔，遂止羅浮，後十三年坐化。又十年，眉山大傀和尚沈志靜遇之封山，自稱王邦叔，今居蓬萊望海樓也。（載於：《道言內外秘訣全書》，《藏外道書》六冊，頁136）。

〔註12〕《宋史·卷三百四十四·列传第一百三》曰：「馬默，字處厚，單州成武人。家貧，徒步詣徂徠從石介學。諸生時以百數，一旦出其上。既而將歸，介語諸生曰：『馬君他日必為名臣，宜送之山下。』登進士第，調臨濮尉，知須城縣。……神宗即位，以論歐陽修事，通判懷州。……除知登州。……徙知曹州，召為三司鹽鐵判官……改廣西轉運使……以疾求歸，知徐州。……召為司農少卿……移袞州……入拜衛尉卿，權工部侍郎，轉戶部。告老，以寶文閣待制復知徐州，改河北都轉運使。……告老，提舉鴻慶宮。紹聖時，坐附司馬光，落待制致仕。元符三年，復之。卒，年八十。紹興中，以其子純請，贈開府儀同三司，加贈太保。」（台北：鼎文書局，1983年，頁10946～10949）。

〔註13〕卿希泰主編的《中國道教史·第三卷》中曾提出「謂劉永年與張伯端間有親傳關係，大可懷疑。」（四川人民出版社，1996年，頁144），關於張伯端與劉永年傳承的時代銜接因素問題，筆者將於本文「劉永年一系」中作討論。馬自然為張伯端弟子的說法，則是根據李簡易《玉谿子丹經指要·混元仙派之圖》的記載，後又有《金丹四百字·敘》中的說法認定馬自然為張伯端的弟子。易言之，馬自然為張伯端的弟子的說法，牽涉到《金丹四百字》的作者是否為張伯端的問題。有些學者認為《金丹四百字》是白玉蟾偽作托名為張伯端。如果《金丹四百字》真的是白玉蟾所偽作，則馬自然為張伯端的弟子的說法將出現時代的銜接因素問題。關於《金丹四百字》的作者問題，見於：朱越利〈《悟真篇》的文本與丹法〉（《國學研究》第二十一卷，2008年，頁170～172）；另見於：拙著《道教丹道易學研究——以《周易參同契》與《悟真篇》為核心的開展》〈第五章　張伯端《悟真篇》與《周易參同契》的關係·第一節　張伯端的生平事蹟及著作的內容結構〉（國立臺灣師範大學國文所博士論文，2005年7月，頁126）。

王邦叔為張伯端弟子的說法，則牽涉到《玉清金笥青華秘文金寶內鍊丹訣》（簡稱《青華秘文》）一書的作者是否為張伯端的問題。關於《青華秘文》作者問題的討論，見於：卿希泰主編的《中國道教史·第二卷·第七章·第六節》（四川人民出版社，1996年，頁760～762）；其次見於：朱越利〈《悟真篇》的文本與丹法〉（《國學研究》第二十一卷，2008年，頁173～174）；另見於：拙著《道教丹道易學研究——以《周易參同契》與《悟真篇》為核心的開展》〈第五章　張伯端《悟真篇》與《周易參同契》的關係·第一節　張伯端的生平

注意的是馬默、石泰與劉永年三人。因爲此三人跟後來《悟眞篇》的流傳與注疏，有著或遠或近的關係。

1、馬默一系

馬默（處厚）實際上並非張伯端的傳法弟子。筆者前述之所以會列爲張伯端所傳授弟子之一，是因爲有學者認爲《玉谿子丹經指要‧混元仙派之圖》的記載中張伯端之下的弟子馬自然應該是馬默。〔註14〕也有學者認爲馬默就是《悟眞篇‧後序》中所述「三傳非人」之一人。〔註15〕但筆者認爲，馬默事實上所扮演的角色應該是《悟眞篇》的傳遞者與流通者。陸思誠《悟眞篇記》曰：

> 張平叔先生者，天台人。少業進士，坐累，謫嶺南兵籍。治平中，先大父龍圖公說，帥桂林，取置帳下，典機事，公移他鎮，皆以自隨。最後公薨於成都，平叔轉徙秦隴。久之，事扶風馬默處厚於河東。處厚被召，臨行，平叔以此書授之，曰：平生所學盡在是矣！願公流布，當有因書而會意者。默爲司農少卿，南陽張公履坦夫爲寺主簿。坦夫曰：吾龍圖公之子壻也。默意坦夫能知其術，遂以書傳之坦夫，坦夫復以傳先考寶文公。余時童卯，在傍竊取而讀之，不能通也。先公帥秦，陽平王箴袞臣在幕府，因言其兄沖熙先生學道，遇劉海蟾得金丹術。沖熙謂舉世道人無能達此者，獨張平叔知之。……余時年少氣銳，雖聞其說，不甚介意，亦不省所謂平叔者爲何人？邇來年運日往，志氣日衰，稍以黃老方士之術自治。有以金丹之術見授者，……其言與予昔者所聞於袞臣者皆合，因取此書讀之，始悟其說。……此書傳之寖廣，獨吾家之本爲眞，蓋平叔之所親授者也。〔註16〕

事蹟及著作的內容結構〉（國立臺灣師範大學國文所博士論文，2005 年 7 月，頁 126～127）。

〔註14〕 李顯光《混元仙派研究‧八 張伯端的傳承體系》中認爲《混元仙派圖》張伯端下之馬自然可能就是馬處厚（北京：中國社會科學出版社，2007 年 10 月，頁 234）。

〔註15〕 劉國樑、連遙注譯《新譯悟眞篇‧悟眞篇後序》中的「注釋」就認爲「三傳非人」之「三傳」是指：馬處厚、張坦夫、陸彥孚之父。（台北：三民出版社，2005 年 1 月，頁 288）。

〔註16〕《紫陽眞人悟眞篇三注‧序》，《道藏》（三家本），第二冊，頁 968 下～969 上中。

《歷世眞仙體道通鑒・卷四十九・張用成》云：

> 張伯端，天台人也。少無所不學，浪迹雲水，晚傳混元之道而未備，孜孜訪問，徧歷四方。宋神宗熙寧二年，陸龍圖公說鎮益都，乃依以遊蜀，遂遇劉海蟾授金液還丹火候之訣，乃改名用成，字平叔，號紫陽。修煉功成，作《悟眞篇》行於世。……英宗治平中，龍圖陸公，帥桂林，取紫陽帳下，典機事，公移他鎮，皆以自隨。最後公薨於成都，紫陽轉徙秦隴。久之，事扶風馬默處厚於河東。處厚被召，臨行，紫陽以《悟眞篇》授之，曰：平生所學盡在是矣！願公流布此書，當有因書而會意者。〔註17〕

從《悟眞篇記》的說法，可以看出馬默將張伯端所授予的《悟眞篇》傳給張坦夫（公履），張坦夫則傳給陸思誠的父親陸師閔（寶文公，嘗進寶文閣待制），陸思誠則得之於其父，並認爲「獨吾家之本爲眞，蓋平叔之所親授者」。所以這一系《悟眞篇》的傳承是：**張伯端→馬默→張坦夫→陸師閔→陸思誠**。

可以看出馬默這一系的《悟眞篇》傳承，是在官宦士族圈間傳授。傳承的狀態並非傳統師徒間內丹修煉口訣功法的口耳親傳，而是《悟眞篇》此書的授受相傳關係。這一系的傳承特色是藉著官方的力量與資源廣爲流傳《悟眞篇》這本書，對於《悟眞篇》文獻的保存與傳承發揮極大的影響力與貢獻。這或許就是張伯端當初授書馬默時的冀望——「願公流布此書，當有因書而會意者」！

2、石泰一系

石泰因爲對張伯端有「解韁脫鎖」之恩，所以得到張伯端丹法的親傳。《歷世眞仙體道通鑒・卷四十九・石泰》曰：

> 石泰，常州人，字得之，號杏林，一號翠玄子。遇張紫陽，得金丹之道。初，紫陽得道於劉海蟾，海蟾曰：異日有爲汝脫韁解鎖者，當以此道授之，餘皆不許。其後紫陽三傳非人，三遭禍患，誓不敢妄傳，乃作《悟眞篇》行於世，曰：使宿有仙風道骨之人，讀之自悟。則是天之所授，非人之輒傳矣。中罹鳳州太守怒，按以事，坐黥竄經由邠境，會大雪，與護送者俱飲酒村肆，杏林適肆中，既揖而坐，見邀同席，杏林笑顧：爲此衆客方懼，彼客未成飲，盍

〔註17〕《道藏》（三家本），第五冊，頁382下～383下。

來相就？於是會飲，酒酣，問其故，具以告，杏林念之曰：邠守故
人也，樂善忘勢，不遠千里，能迂玉趾，有因緣可免此行。紫陽懇
請，護送者許之，諾相與於邠，杏林爲之先容，一見獲免，紫陽德
之曰：此恩不報，豈人也哉？子平生學道，無所得聞，今將丹法用
傳於子。杏林拜謝，仰受付囑，苦志修煉，道成，作《還元篇》行
於世。〔註18〕

《歷世眞仙體道通鑒‧卷四十九‧石泰》的記載跟前述〈薛紫賢事蹟〉
中的說法基本上相符合。而且「解轡脫鎖」的說法，也與《悟眞篇‧後序》
中的記載相符。並且石泰《還源篇》中亦有「昔年，以驛中遇先師張紫陽先
生」之語。〔註19〕所以，石泰爲張伯端丹法的嫡派嫡傳這個說法是可信的！
而且這個說法在道教內丹學史上也是公認的事實。〔註20〕

值得注意的是石泰這一系的傳人——嫡傳薛式（道光）與別傳陳致虛（透
過趙友欽的傳授）兩人，都先後註解過《悟眞篇》。〔註21〕先來談薛道光的傳承。

〔註18〕《道藏》（三家本），第五冊，頁384中下。

〔註19〕石泰《還源篇》云：「昔年，以驛中遇先師張紫陽先生。所簡易之語，不過
半句；其證驗之效，只在片時。知仙之可學，私自生歡喜。及其金液交結，
聖胎圓成。泰故作《還源篇》八十一章。」（《修眞十書‧雜著指玄篇》，《道
藏》（三家本），第四冊，頁609上）。

〔註20〕清仇兆鰲《悟眞篇集註‧例言二十條》曰：「南宗一派，起於紫陽張子，若
石杏林、薛紫賢、陳泥丸、白紫清、彭鶴林，乃五世嫡傳。」（台北：自由出
版社，1994年4月，頁41）；潘雨廷《道教史發微‧《悟眞篇》和南宗歷代的
文獻》曰：「然伯端之道雖傳於杏林，而《悟眞篇》已行於世，故道源能吟
其詩。世傳杏林著有《還源篇》，……全篇凡詩八十一章，大義與《悟眞篇》
有相似處，然是否杏林所著，殊有可疑。……至於《還源篇》非石泰所著，
元俞琰已有論及於《席上腐談》。……然《還源篇》雖後人托名，未可否定其
（石泰）曾傳張伯端的道。由杏林而道源，爲南宗發展的第一階段。」（上海
社會科學院出版社，2003年6月，頁148～149）；張廣保《唐宋內丹道教‧
第九章‧二　張伯端的《悟眞篇》及其對傳統內丹道的批評》云：「有關石泰
師從張伯端的記載見於多種丹經的共同載述，應該毫無疑問。……可見，有
關張伯端、石泰奇迹般相遇之傳說在元代已得到確認。」（上海文化出版社，
2001年1月，頁304～305）；朱越利〈全眞教南宗的形成〉云：「石泰一系
爲道教界和一些學者所承認。……白玉蟾編制的譜系中，張伯端→石泰→薛
道光師授關係，陳楠→白玉蟾→彭耜師授關係，皆眞實無疑。」（收載於：熊
鐵基、麥子飛主編《全眞道與老莊學國際學術研討會論文集（上冊）》，湖北：
華中師範大學出版社，2009年5月，頁130）。

〔註21〕關於薛道光是否眞的註解過《悟眞篇》以及現存《正統道藏》中《紫陽眞人
悟眞篇三注》中之薛道光注是否眞的爲薛道光所作等問題，可以參閱：楊立

在〈薛紫賢事蹟〉與《歷世真仙體道通鑒・卷四十九・薛式》中分別記載石泰傳授丹法予薛道光，薛道光得法後，註解《悟真篇》傳世。〈薛紫賢事蹟〉云：

> 道源姓薛名式，陝府雞足山人也。嘗為僧，法號紫賢。……。復雅志金丹道養。崇寧丙戌歲冬，寓郿縣青鎮，聽講佛事，適遇鳳翔府扶風縣杏林驛人石泰字得之，年八十五矣，綠髮朱顏，神宇不凡，夜事縫紉。道源密察焉，心因異之，偶舉張平叔詩曲，石攧然，曰：識斯人乎。曰：吾師也。遂將語著於平叔者。……道源聞石泰說是語已，稽首皈依，請因受業，卒學大丹，及復受得口訣真要。且戒往通邑大都，依有德有力者，可即圖之。道源遂來京師，棄僧伽梨，幅巾縫掖，和光同塵，混於常俗，覬了此事。……初平叔先生嘗因獲罪，誓不語人，已而歎曰：自為計得矣，非所以為道也。《太上玄科》曰：遇人不傳失天道，妄傳非人泄天寶。傳得其人身有功，妄傳七祖受冥考。我今斬固閉天道也，禍將大矣。不得已述詩曲，始以流傳世之奇人，使讀之自悟，詩曲中之意，亦隱深不可識。道源因以推廣其意，為註解明白。真要洞闡，玄微法事悉備，表裏煥然，餘蘊無所藏矣。然獲覽者，得以尋詳釋其疑惑，不伺咨聞，能自了了，所以成平叔先生之志也。然而道源既欲以是垂世傳後，則亦將緘默，自此隱矣。〔註22〕

《歷世真仙體道通鑒・卷四十九・薛式》曰：

> 薛道光，一名式，一名道源，陝府雞足山人也。一云閬州人，字太原。嘗為僧，法號紫賢，一號毗陵禪師。……且復雅意金丹導養。宋徽宗崇寧五年丙戌冬，寓郿縣之青鎮，聽講佛寺，適遇鳳翔府扶風縣杏林驛道人石泰，字得之，年八十五矣，髮綠朱顏，神宇非凡，夜事縫紉，紫賢心因異之，偶舉張平叔詩曲，石矍然曰：識斯人乎？吾師也。備言紫陽傳道之由，紫賢乃稽首皈依，請因受業，卒學還丹，傳受口訣真要，且戒令往通邑大都，依有力者，即可圖

華〈《悟真篇》薛注考〉（《世界宗教研究》2000 年第 2 期，頁 86～93）一文的討論。關於《悟真篇》薛式（道光）註解與陳致虛的註解，見於：宋薛道光、陸墅、元陳致虛《紫陽真人悟真篇三注》五卷（《道藏》（三家本），第二冊，頁 969 中～1019 上）。

〔註22〕《紫陽真人悟真直指詳說三乘秘要》，《道藏》（三家本），第二冊，頁 1024 中下～1025 上。

之。紫賢遂來京師，棄僧迦黎幅巾縫掖，和光混俗，顯了此事，乃
註解《悟眞篇》，作《復命篇》及《丹髓歌》行世。〔註23〕

石泰的傳人薛道光在得授口訣丹法後，遇到跟祖師張伯端一樣的困境——
「匿法或妄傳」之進退兩難局面。所以其選擇與張伯端一樣的解決方式——
著書立說。易言之，薛道光透過註解《悟眞篇》來闡發所受丹法之玄微眞要，
冀望《悟眞篇》的丹法能垂世傳後。〔註24〕

陳致虛與石泰的關係則不似薛道光般爲嫡傳，陳致虛是因爲其業師趙友
欽（緣督）曾受石泰傳授丹法，才與石泰發生較遠的丹法傳承關係。明宋濂
《革象新書‧序》曰：

> （趙友欽）先生鄱陽人，隱遁自晦，不知其名若字。或曰名敬
> 字子恭（公），或曰友欽其名，弗能詳也。故世因其自號，稱之爲緣
> 督先生。先生宋宗室之子，習《天官》《遁甲》《鈐式》諸書，欲以
> 事功自奮。一日，坐芝山酒肆中，逢丈夫修眉方瞳，索酒酣飲。先
> 生異而即之，相與談玄者頗久，且曰：汝來何遲也？於是出囊中九
> 還七返丹書遺之。臨別，先生問其姓名，曰：我扶風石得之也。得
> 之蓋世傳杏林仙人云。〔註25〕

清仇兆鰲《悟眞篇集註‧陳觀吾序》云：

> 上陽子，元至順間人，師事趙緣督。宋濂潛溪云：緣督于芝山
> 酒肆，遇石杏林，授以九還七返之道。此可考見其源流矣。〔註26〕

上陽子陳致虛之業師趙友欽，本身承繼石泰南宗的丹法。不過趙友欽丹
法傳承不限一家，其亦承繼北宗紫瓊眞人張模的丹法。換言之，趙友欽身兼
南宗與北宗丹法傳承。〔註27〕

〔註23〕《道藏》（三家本），第五冊，頁384下～358上。
〔註24〕〈薛紫賢事蹟〉云：「豈學學仙道流，得遇平叔詩曲，隨其所見，致有差殊，
而意之所疑，又須展轉，心生迷謬，莫能曉悟，孰從而語之《參同》哉！致使
不敢下手修鍊者，多矣。嗚呼，豈平叔先生之本心哉！於是慨然首爲訓釋，條
達宗旨，通玄究微，開蒙發昧，人可率解，俾修鍊者，無或差誤，得證高眞。」
《紫陽眞人悟眞直指詳說三乘秘要》，《道藏》（三家本），第二冊，頁1025上。
〔註25〕羅月霞主編，《宋濂全集‧第三冊》（浙江古籍出版社，1999年12月，頁1912）。
〔註26〕收載於：《悟眞篇集註二種》（台北：自由出版社，1994年4月，頁20）。
〔註27〕《上陽子金丹大要列仙誌》曰：「緣督眞人，姓趙諱友欽，字緣督，饒郡人也。
爲趙宗子，幼遭劫火，蚤有山林之趣。極聰敏，天文、經緯、地理、術數莫不
精通，及得紫瓊師授以金丹大道，乃搜羣書經傳，作三教一家之文，名之曰《仙

趙友欽的弟子陳致虛（1290～？）為元代著名的內丹雙修學家，字觀吾，號上陽子，江右廬陵（今江西吉安）人。〔註28〕天歷二年（1329），年四十得趙友欽（緣督）授予金丹之道〔註29〕，後又得青城老仙丹法真訣。〔註30〕在南宗雙修派中，元朝陳致虛扮演著內丹雙修理論承先（承傳翁葆光）與啟後（啟發陸西星）的重要角色。〔註31〕且其又為金丹派南宗與北宗合併、融合的積極推動者。〔註32〕易言之，上陽子陳致虛的丹法有融合南宗與北宗的傾向，其原因之一或許就是由於其業師趙友欽承傳南宗與北宗法脈的緣故。

佛同源》，又作《金丹難問》等書行於世。己巳之秋寓衡陽，以金丹妙道，悉付上陽子。」（《道藏》（三家本），第二十四冊，頁76下～77上）；陳致虛業師趙友欽為集南宗（張伯端→石泰→趙友欽）與北宗（馬鈺→宋德方→李珏→張模→趙友欽）丹法傳承的人物。《上陽子金丹大要・虛無卷之一》云：「我黃房公（宋德方）得於丹陽（馬鈺），乃授太虛（李珏），以傳紫瓊（張模）。我緣督子（趙友欽）得於紫瓊。詳見太虛真人傳。」（同上，頁2下～3上）。

〔註28〕《上陽子金丹大要・卷十二・與心陽子余觀古》（《道藏》（三家本），第二十四冊，頁48上）。

〔註29〕《四庫全書總目提要・參・子部五十六・道家類・周易參同契分章注三卷》云：「致虛字觀吾，自號上陽子。年四十，始從趙友欽學道，講神仙煉養之術。」（河北人民，2000年3月，頁3759）。

〔註30〕《紫陽真人悟真篇三注・上陽子註《悟真篇》序》：「致虛首聞趙老師之旨，未敢自足。後遇青城老仙之秘，方知陰陽造化，順則人、逆則仙之理。……且青城翁授樸真訣，既而囑曰：後必有王侯大人，求師于子。」（《道藏》（三家本），第二冊，頁972上）。

〔註31〕謝正強《傅金銓內丹思想研究・第二章・第四節》云：「從內丹雙修派的理論發展來看，對《參同契》《悟真篇》的詮釋這條線索，基本概括了內丹雙修派翁葆光——陳致虛——陸西星的這一最具代表性的發展歷程。內丹雙修派的基本理論，確立於陳致虛，完善於陸西星。」（四川：巴蜀書社，2005年12月，頁105）。

〔註32〕陳致虛在《上陽子金丹大要・仙派》中構建了一個金丹法統，為南、北兩宗合併提供了共同尊祀的祖師譜系（《道藏》（三家本），第二十四冊，頁78中下），而《上陽子金丹大要・虛無・卷之一》這段話，正好是這段譜系的文字說明，其云：「華陽玄甫（王玄甫）、雲房（鍾離權）、（呂）洞賓授受以來，深山妙窟，代不乏人。……燕相（劉）海蟾受於純陽（呂洞賓），而得紫陽（張伯端），以傳杏林（石泰）、紫賢（薛道光）、泥丸（陳楠）、紫清（白玉蟾），接踵者多。我重陽（王嘉）翁受於純陽，而得丹陽（馬鈺），全真教立，長春（丘處機）、長真（譚處端）、長生（劉處玄）、玉陽（王處一）、廣寧（郝大通）、清淨（孫不二）諸老仙輩，枝分接濟，丹經妙訣，散滿人間。唯紫陽《悟真篇》頗詳，又得無名子（翁葆光）諸公引而明之。我黃房公（宋德方）得於丹陽，乃授太虛（李珏），以傳紫瓊（張模），我緣督子（趙友欽）得於紫瓊。」（同上，頁2下）。

石泰爲南宗五祖之一。〔註33〕石泰這一系的傳承，與《悟眞篇》有直接關係的是先後註解過《悟眞篇》的嫡傳薛道光與別傳陳致虛兩人。所以這一系《悟眞篇》丹法的傳承是：

張伯端 ⟶ 石泰 ⟶ 薛道光 ⟶ 陳楠 ⟶ 白玉蟾
　　　　　　　 ⟶ 趙友欽（緣督） ⟶ 陳致虛

3、劉永年一系

據現存的資料記載，劉永年自稱承張伯端之傳，爲張氏的別傳法脈（以石泰的嫡傳爲相對參考系）。陳達靈《悟眞篇註序》云：

> 悟眞仙翁聞道於青城之上，餌丹於荊湖之間。一傳而廣益子出焉，再傳而無名子出焉。〔註34〕

空玄子戴起宗對陳達靈《悟眞篇註序》注曰：

> 一傳而廣益子出焉。劉永年自號順理廣益子。於紹興壬申年刊行《參同契分章通眞義》……永年紹興戊午，嘗遇至人親授口訣。仍訓永年，但看《參同契》與我訣俱同。〔註35〕

從上述資料可以發現，劉永年爲張伯端傳人的說法肇始於南宋陳達靈，之後元代戴起宗承紹這個說法而繼續發揮。陳達靈《悟眞篇註序》中自言撰序的時間爲「淳熙甲子」〔註36〕。據柳存仁先生的考證：「淳熙有甲午（1174）及甲辰（1184），而無甲子。度陳《序》實指淳熙改元，及甲午也。」〔註37〕換言之，陳達靈《悟眞篇註序》撰於淳熙甲午（1174）。戴起宗對陳達靈《悟眞篇註序》之注釋則說：劉永年於紹興戊午（1138），嘗遇至人親授口訣。並訓勉其閱讀《參同契》，因爲此書與至人所授口訣俱同。接著，劉永年於紹興壬申（1152）年刊行彭曉《參同契分章通眞義》。據戴起宗於至元元年（1335）《悟眞篇註疏序》的記載：戴起宗於延祐癸亥曾任紹興路儒學教授，時年 52

〔註33〕《海瓊問道集‧序》云：「白君得之於陳泥丸，陳得於薛道光，薛得於石泰，石得於張平叔，張得於劉海蟾，劉得於呂洞賓。」（《道藏》（三家本），第三十三冊，頁140）、《海瓊傳道集‧序》云：「昔者鍾離雲房以此傳之呂洞賓，呂傳之劉海蟾，劉傳之張平叔，張傳之石泰，石傳之道光和尚，道光傳之陳泥丸，陳傳之白玉蟾。」（同上，頁147）。

〔註34〕《紫陽眞人悟眞篇注疏‧序》（《道藏》（三家本），第二冊，頁911中）。

〔註35〕同上。

〔註36〕《紫陽眞人悟眞篇注疏‧序》（《道藏》（三家本），第二冊，頁911中）。

〔註37〕《張伯端與悟眞篇》（《和風堂文集‧中冊》，上海古籍，1991年10月，頁790）。

歲。〔註38〕根據柳存仁先生的考證:「延祐無癸亥,癸亥當指元英宗至治三年
(1323),則戴當生於南宋度宗咸淳八年、元世祖至元九年(1272),撰《註
疏》本之《疏》時則在順帝至元元年(1335),年六十四。」〔註39〕

　　易言之,陳達靈於淳熙甲午(1174)撰寫《悟眞篇註序》時,首先提出
張伯端曾傳授丹法予劉永年。接著戴起宗在順帝至元元年(1335)撰寫《悟
眞篇註疏》時,承繼陳氏之說,並明確的提出劉永年於紹興戊午(1138),嘗
遇至人親授口訣。只是沒有明確說出此至人爲張伯端。

　　如果上述的說法爲眞,筆者認爲此處將產生時代銜接的問題。即前述關
於張伯端生卒年的說法有四種:(1)987～1082(翁葆光的說法)、(2)984
～1082(趙道一的說法)、(3)1076～1155(柳存仁的說法)、(4)1046～1145
(朱越利的說法)。前兩種張伯端生卒年的說法與劉永年紹興戊午(1138)得
訣的時間相差大約有56年之久。所以一些學者皆認爲張伯端曾傳授丹法予劉
永年的說法不能成立,因爲在時間上無法銜接。〔註40〕不過,如果是採用後
兩種張伯端生卒年的說法,則在時間上是不成問題的,並且認爲劉永年得張
伯端親傳。〔註41〕

　　筆者認爲這個問題,如果如上述柳存仁先生的說法(劉永年直接得受張伯
端親傳),首先值得商榷的疑問是:劉永年於紹興戊午(1138),得「遇至人親

〔註38〕《紫陽眞人悟眞篇注疏・序》(《道藏》(三家本),第二冊,頁910中～911上)。

〔註39〕《張伯端與悟眞篇》(《和風堂文集・中冊》,上海古籍,1991年10月,頁804)。

〔註40〕比如卿希泰主編的《中國道教史・第三卷》中就提出「謂劉永年與張伯端間
有親傳關係,大可懷疑。」(成都:四川人民出版社,1996年,頁144)、卿
希泰著《續・中國道教史史綱・第一章》亦認爲此說法「顯然是爲依託之詞,
不足爲據。可知,劉永年與張伯端的師承關係難於確定。」(四川人民出版社,
1999年8月,頁116);李遠國《道教氣功養生學・第四章》也認爲「劉永年
絕非張伯端弟子。」(成都:四川省社會科學院出版社,1988年6月,頁360);
陳兵《道教之道・三、金丹派南宗淺探》亦提出「劉永年本人未必親炙張伯
端。紹興戊午(1138),張已卒五十餘年,謂劉於其時遇張而得其道,顯係神
話。」(北京:今日中國出版社,1995年6月,頁46);郝勤《龍虎丹道——
道教內丹術・五、雙修丹法》也認爲「其時張伯端已卒50餘年。這可證明劉
永年並非是張伯端親傳。」(四川人民出版社,1994年7月,頁258)。

〔註41〕柳存仁《張伯端與悟眞篇》曰:「案,據此說則廣益子劉永年直接得授自伯
端。劉爲紹興壬申間活躍之人,前引陳達靈序翁書《悟眞篇註疏》,已言自張
『一傳而廣益子出』,與戴氏所言,二者如出一轍。則如前文所推算,伯端之
時代不得不推遲,又可因戴氏之文有合於陳《序》而得一新證。」(《和風堂
文集・中冊》,上海古籍,1991年10月,頁799)。

授口訣」時，爲何不直接說是張伯端而要稱至人呢？其次，此至人「訓永年但看《參同契》與我訣俱同」。如果此至人是張伯端，爲何不直接訓永年看《悟眞篇》而要看《參同契》呢？最後，戴起宗對陳達靈《悟眞篇註序》注曰中僅說「嘗遇至人親授口訣」，並未明確陳述此至人即是張伯端。所以，筆者認爲柳存仁先生的考證說法是可以討論的。〔註42〕不過，因爲劉永年師事張伯端之事，在南宋時期即有所流傳，如龍眉子《金液還丹印證圖・後識》曰：

> 余師若一子嘗曰：曾聞我師無名子翁先生云：「吾師乃廣益順
> 理子劉眞人，祖偕悟眞仙翁，肄業辟庸，惟翁不第，夙植靈根，學
> 道道遂。後因念其同舍之有孫，時在紹興戊午，劉遇悟眞得其道。
> 願力不能成，遂刊彭眞人《參同契》義疏。隱於市朝，方便接引。
> 既諧同志，乾道戊己歲，成道於虎丘山之下。叨竊仙恩，誤蒙眞蔭，
> 紹興中，於淛江跨浦橋，承眞人之顏陶鑄。」〔註43〕

龍眉子《金液還丹印證圖》大約成書於南宋嘉定戊寅（1218）。〔註44〕可以看出此處的文獻內容，與前述戴起宗在順帝至元元年（1335）撰寫《悟眞篇註疏》注曰的內容極爲相似。也與翁葆光《悟眞篇註・序》的部分內容頗爲相同，其曰：

> （天台仙翁）少偕我祖，肄業辟庸，惟翁不第，夙挺靈根。……
> 余固不才，幸踵仙翁之顏鑄。既承眞蔭，寅夕不忘。〔註45〕

〔註42〕周全彬曾對柳存仁先生之張伯端生卒年考證提出質疑的説法，其認爲：「柳氏之推斷甚爲草率，其所持理由是因其誤讀《道藏》之《悟眞篇注疏》諸序，而導致柳存仁的結論大誤。……緊接其後『先子嘗謂余』開始，乃翁葆光序言，『先子』係『夫子』之誤，夫子是指翁葆光之師劉永年，其文意是說劉永年告訴翁葆光，劉永年先祖與張伯端是少時同學，而非如柳氏以爲的『夫子』是指陳達靈本人，再以此推斷張伯端生年，可謂全盤皆錯。……又柳文又不解『悟眞適孫』、『悟眞嫡孫』等語，其實即是說是張伯端嫡傳之意，而非眞是張伯端的孫子云云。」詳細論說見於：董沛文主編、周全彬、盛克琦編校《悟眞抉要——道教經典《悟眞篇》注解集成・上・前言》（北京：宗教文化出版社，2010年12月，頁5）。

〔註43〕《道藏》（三家本），第三冊，頁109上中。

〔註44〕《金液還丹印證圖・并序》中有云：「宋嘉定戊寅仲冬元日，龍眉子敍。」（《道藏》（三家本），第三冊，頁103中）。

〔註45〕《紫陽眞人悟眞篇注疏・序》（《道藏》（三家本），第二冊，頁 911 下～912 下）；此處的「余固不才」之「余」是指翁葆光而非劉永年，有學者（張廣保）即誤認爲劉永年，見於：張廣保《唐宋內丹道教・第九章》（上海文化出版社，2001年1月，頁306）。

　　翁葆光《悟眞篇註·序》成書於南宋乾道癸巳（1173）。〔註46〕所以從時間的先後次序來說，應該是龍眉子承繼翁葆光的說法，然後有所發揮。〔註47〕戴起宗則應該是續繼翁葆光與龍眉子的說法而再發揮。所以，戴起宗《悟眞篇注·辨》又云：

　　　　眞人傳石杏林，杏林傳紫賢，爲第三傳，此世之知也。眞人傳廣益子，廣益子傳無名子，亦爲第三傳，此世之罕知也。〔註48〕

　　此後，張伯端別傳劉永年就成爲一個丹道史上流傳的說法。比如清朝仇兆鰲《悟眞篇集註·例言二十條》即云：

　　　　按張眞人初傳於石杏林，石傳於薛紫賢。……眞人別傳劉永年，號廣益子。劉傳翁葆光，號無名子。〔註49〕

又云：

　　　　南宗一脈，起於紫陽張子。若石杏林、薛紫賢、陳泥丸、白紫清、彭鶴林，乃五世嫡傳，各有著述。張又別傳劉永年，亦可稱南七眞。〔註50〕

　　筆者認爲雖然張伯端別傳劉永年可能有年代的銜接因素問題存在，但在南宋時期民間即流傳張伯端別傳劉永年的說法，所以這個問題與傳承應該從另一個角度來理解。張廣保先生即從另一個角度對這個問題提出看法，其曰：「我認爲劉永年之師張伯端並非如同石泰那樣耳提面命，口耳相授，很可能只是通過參悟《悟眞篇》而確有所得。這樣劉永年之師張伯端實際上只是師『書』，而非師人。」〔註51〕

　　筆者認爲張廣保先生對這個問題的看法是具有洞見及啓發性的。因爲，據前述〈薛紫賢事蹟〉的記載，薛道光遇石泰時，薛道光即能誦《悟眞篇》詩句，並以之試探石泰的事件。可知，張伯端《悟眞篇》在南宋時期即在民間廣爲流傳（不然薛道光何以能在得石泰丹訣前，即能誦讀《悟眞篇》詩句），

〔註46〕翁葆光《悟眞篇註·序》曰：「時皇宋乾道癸巳中秋，象川無名子翁葆光謹序。」（《紫陽眞人悟眞篇注疏·序》，《道藏》（三家本），第二冊，頁913中）。

〔註47〕任繼愈主編《道藏提要》云：「龍眉子乃張伯端紫陽派傳人，其丹法實源於《悟眞篇》。」（北京：中國社會科學出版社，1991年7月，頁112）。

〔註48〕《紫陽眞人悟眞直指詳說三乘秘要》，（三家本），第二冊，頁1025下。

〔註49〕台北：自由出版社，1999年4月，頁25～26。

〔註50〕同上，頁41。

〔註51〕張廣保《唐宋內丹道教·第九章》（上海文化出版社，2001年1月，頁306）。

並且因而有不同版本的《悟眞篇》出現。〔註52〕所以推測劉永年應該是通過參悟《悟眞篇》而自稱得張伯端親傳,亦可以言之成理。〔註53〕這也符合張伯端在《悟眞篇‧後敘》的說法——「倘好事者夙有仙骨,覩之(《悟眞篇》)則智慮自明,可以尋文解義,豈須僕區區授之矣。如此,乃天之所賜,非僕之輒傳也。」〔註54〕

筆者認爲這個傳承事件(張伯端別傳劉永年),剛好可以讓我們反思要如何理解與看待道教丹道史上流傳的丹法承傳說法。我們知道宗教史上的法脈傳承,通常是具有傳說與神話的成分。所以,通常某些法脈傳承說法是經不起歷史史料的考證與檢證。但這些宗教史上的法脈流傳說法,確具有一定的擴散影響力與信仰凝聚力而爲其信徒所深信不已(其中法脈的正統性與正當性,通常會掩蓋歷史傳承的眞實性)。

此外,筆者認爲尚需考慮道教經典的成書方式,如扶鸞降眞傳法著書、神仙下凡傳道授書與異人傳法授書等說法。〔註55〕此處的劉永年「遇至人親

〔註52〕陸思誠《悟眞篇記》曰:「學者當知,此書(《悟眞篇》)傳之寖廣,獨吾家之本爲眞。蓋平叔之所親授者也。」(《紫陽眞人悟眞篇三注‧序》,《道藏》(三家本),第二冊,頁969中);翁葆光《悟眞篇註‧序》曰:「顧後(《悟眞篇》)傳之寖廣,文理次序亦頗不同,多有舛謬。惟龍圖陸公之孫思誠所藏家本爲眞,此乃仙翁親授之本也。」(《紫陽眞人悟眞篇注疏‧序》,《道藏》(三家本),第二冊,頁912中)。

〔註53〕孔令宏、韓松濤著《丹經之祖——張伯端傳‧第八章》云:「關於劉永年所遇之人,頗多爭議。《金液還丹印證圖》中先稱張伯端爲『悟眞仙翁』,而稱劉永年『紹興戊午劉遇悟眞得其道』。這個『悟眞』可以有兩種解釋,一種解釋是張伯端本人,即『悟眞』是『悟眞仙翁』的簡稱,但問題是此時張伯端已經去世50多年了。第二種解釋是把『悟眞』認定爲《悟眞篇》,則有可能是張伯端的傳人傳劉永年《悟眞篇》,這個解說比較合理。」(浙江人民出版社,2007年8月,頁239~240)。

〔註54〕《紫陽眞人悟眞篇注疏‧後序》,《道藏》(三家本),第二冊,頁968中。

〔註55〕朱越利曾提出「道教對神授神述道經的解釋」之神話有十二種類型:(1)妙氣所生,自然天書;(2)神尊口吐;(3)神尊天宮說法;(4)神神授受;(5)神帝授受;(6)天神授受;(7)神眞撰或下傳;(8)面壁觀經;(9)神仙現世,親授眞經;(10)神眞降授,記錄成經;(11)異人傳授;(12)依托祖師名人等授。詳細內容見於:朱越利、陳敏著《道教學‧第三章 道教的經典》(北京:當代世界出版社,2000年6月,頁137~138);另外,關於扶鸞降眞之傳統道經出世的類型與特質,可分成「四種類型」(接遇降傳、石室示現、眞手傳譯、新舊複合)與「五項特質」(感眞者、接遇或引導仙眞、特定非常時空與情境、接眞因緣與方式、降授經典),詳細內容見於:謝聰輝〈南宋中期以前傳統道經出世的類型與特質析論〉(收載於:《東宗的呼喚——2010

授口訣」，有可能是：神仙現世，親授眞經或異人傳授或依托祖師名人等授這些類型。或者是前述這兩項或三項的混合類型。易言之，劉永年得授丹法要訣，有可能是傳說成仙的張伯端下凡現世親授；也有可能其所遇的異（至）人不是張伯端，是其他神仙尊神顯化或可能是高道隱名修鍊之人；或者是，也有可能劉永年得授丹道法訣是他人，卻依託祖師名人張伯端以自抬身價與標榜法脈正統。

此外，還有一說認爲傳法給劉永年的是石泰。王沐先生提出這個說法，其云：

> 據清仇兆鰲《悟眞篇集註》說：「按張眞人初傳于石杏林，石傳于薛紫賢，系宋神宗時人；眞人別傳劉永年，號廣益子，劉傳翁葆光，號無名子，乃宋孝宗時人。」因「眞人」二字有些籠統，對這傳統淵源有了兩種解釋：（一）劉系張伯端弟子；（二）劉系石泰弟子，與薛道光爲師兄弟。陳致虛合併南北兩宗時，主張後說，把南宗五祖改爲七眞時，加入劉永年，其系統爲：張伯端——石泰——薛道光、劉永年——陳楠——白玉蟾——彭耜。把劉永年列到第四位，認爲其系石泰弟子而非張伯端弟子。……（劉永年）爲石泰弟子，傳道于翁葆光（象川）。〔註56〕

接著王沐先生又引用日本吉岡義豐《白雲觀之道教》中的說法，其曰：

> （元朝）統一以後，南宗確認以北宗五祖爲祖師，經陳致虛的提倡，在同一五祖之下，各設七眞。北宗七眞不變，南宗將原來的南五祖降格，加上劉永年、彭耜，改稱爲南七眞。這主張爲北宗所接受。于是在南北宗祀典中，南五祖降爲七眞，張紫陽與邱長春竝列，俱以王重陽爲祖，而且張在邱之下，這兩眞人祀典中各代表本宗。〔註57〕

上述可以看出王沐認爲劉永年爲石泰弟子的看法，主要是依據元代陳致

賴鵬舉居士逝世週年學術研討會論文集》，台北：國立台北藝術大學傳統藝術研究中心，2011 年 1 月，頁 373～388）；謝聰輝〈南宋道經中「飛鸞開化」出世類型的認知與特質析論〉（收載於：《開拓者的足迹：卿希泰先生八十壽辰紀念文集》，四川：巴蜀書社，2010 年 8 月，頁 133～155）。

〔註56〕 王沐《悟眞篇淺解・附錄二《悟眞篇》丹法源流》（北京：中華書局，1990 年 10 月，頁 366～367）。

〔註57〕 同上，頁 372。

虛的說法。不過經筆者翻閱查考陳致虛的著作《金丹大要‧仙派》，陳氏在其中試圖建構一個金丹法統，爲南、北兩宗合併提供共同尊祀的祖師譜系中，並沒有看見劉永年的名字。易言之，並沒有所謂「南五祖」與「南七眞」這兩個名詞出現，充其量只出現：「張伯端——石泰——薛道光——陳楠——白玉蟾——彭耜」這六個人的名字。〔註58〕出現「南五祖」加劉永年與彭耜兩人而成「南七眞」的說法是後來一些學者所提出的看法，陳致虛本人並未提出。〔註59〕所以，王沐先生提出劉永年爲石泰弟子的說法，文獻證據並不充分，僅能聊備一說。〔註60〕

前述《金液還丹印證圖‧後識》中，龍眉子自認的師承是：張伯端→劉永年→翁葆光→若一子→龍眉子。其中，值得注意的是劉永年的傳人翁葆光。

翁葆光之所以值得注意，原因在其註解過《悟眞篇》〔註61〕，其對於《悟眞篇》雙修派的理論完善與發展產生了很大的作用。〔註62〕

〔註58〕《藏外道書》9冊，巴蜀書社，1994年12月，頁110上下。

〔註59〕陳致虛《金丹大要‧仙派》中實際出現的「南七眞」是「南五祖」加彭耜與蕭廷之兩人（《藏外道書》9冊，巴蜀書社，1994年12月，頁110下）。「南五祖」加劉永年與彭耜兩人而成「南七眞」的說法，除王沐《悟眞篇淺解‧附錄二《悟眞篇》丹法源流》中引用日本吉岡義豐《白雲觀之道教》外，尚有：黃公偉《道教與修道秘義指要‧第二十九章　內丹修煉的派別》（台北：新文豐出版公司，1982年1月，頁747～748）；李遠國《道教氣功養生學‧第四章　兩宋時期內丹派南宗概述》（成都：四川省社會科學院出版社，1988年6月，頁361）；朱越利《張伯端的生平和丹法流傳》（《道教研究》第一輯：四川人民出版社，1994年，頁36）；卿希泰主編《中國道教史‧第三卷‧第九章　道教在元代的興盛與道派的合流》（成都：四川人民出版社，1996年，頁381）；孔令宏、韓松濤著《丹經之祖——張伯端傳‧第八章　派系及弟子》（浙江人民出版社，2007年8月，頁240）等。

〔註60〕郝勤《龍虎丹道——道教內丹術‧五、雙修丹法》亦認爲「劉永年、翁葆光的內丹體系與張伯端南宗系統一脈相承，估計應是從石泰或薛道光一系雙修口訣傳承而來。」（四川人民出版社，1994年7月，頁258）；孔令宏、韓松濤著《丹經之祖——張伯端傳‧第八章　派系及弟子》亦云：「劉（永年）係石泰弟子，與薛道光爲師兄弟。根據所述事件的順序來看，眞人指石泰的可能性爲大。……劉永年所遇之高人，應當是石泰。」（浙江人民出版社，2007年8月，頁240）。

〔註61〕翁葆光註解《悟眞篇》的著作有：（a）宋翁葆光註、陳達靈傳、元戴起宗疏《紫陽眞人悟眞篇注疏》八卷（《道藏》（三家本），第二冊，頁910～968）；（b）宋翁葆光註《悟眞篇注釋》三卷（《道藏》（三家本），第三冊，頁1～32）。

〔註62〕卿希泰著《續‧中國道教史史綱‧第一章》曰：「劉永年而下，其徒翁葆光將張伯端悟眞之學弘揚光大，對於該派的理論之完善與發展起了較大的作

翁葆光，字淵明，號無名子，象川人，生平事跡不詳。按其著述《紫陽真人悟真篇注疏‧序》的記載，其大約活躍於北宋末南宋初之間。〔註63〕關於劉永年傳授丹法予翁葆光的情形，《金液還丹印證圖‧後識》中有一段翁葆光自述的說法，其云：

> 余師若一子嘗曰：曾聞我師無名子翁先生云：……叨竊仙
> 恩，誤蒙真陰，紹興中，於湔江跨浦橋，承真人（劉永年）之顏陶
> 鑄。貲力素无，未克成就，日夜遑遑，已逾三紀。嘗因中秋有感云：
> 「手握天機六六秋，年年此夕不勝憂。神功妙道三人就，黍粒靈元
> 二八脩。信道竈爐須福地，要知錢鶴上揚州。誰能假我扶搖便，一
> 舉同遷在十洲。」〔註64〕

南宋紹興（1131～1162）年間，翁葆光於湔江（即今之錢塘江）跨浦橋遇劉永年而得傳丹法要訣。但因其資財外護、伴侶及福地等條件的缺乏關係，所以經歷凡 36 年始終「未克成就」。翁氏「中秋有感」之七絕律詩，即在說明內丹雙修所牽涉到的外在條件：法、財、侶、地等問題。所謂「法」，就是煉丹之「真法」，也就是掌握正確的功法與修煉口訣；「財」，就是煉丹之資金，即生活開銷與煉丹法器設備的購買；「侶」，即修丹的伴侶。「侶」在雙修中有兩個涵意：一為修丹的異性伴侶，一則為修丹時的知音外護（錢財提供者與生活照料者）〔註65〕；「地」，則指選擇適合修丹的地方場所。

用，值得關注。」（四川人民出版社，1999 年 8 月，頁 116）；郝勤《龍虎丹道——道教內丹術‧五、雙修丹法》云：「內丹雙修正式露面立派，始於南宗道士劉永年，發陽於翁葆光。……翁葆光是闡明和發揚內丹雙修法訣的主要人物。……（翁葆光）他首先運用陰陽雙修法訣來注解詮釋《悟真篇》，從而開闢了張伯端《悟真篇》陰陽雙修的研究習煉系統。」（四川人民出版社，1994 年 7 月，頁 258～259）；趙立綱主編《歷代名道傳‧內丹派南宗首祖張伯端》曰：「南宗雙修一系，正式建立旗號的是宋代的劉永年，而真正的奠基者則是南宋的翁葆光。……南宗內丹雙修派的奠基者翁葆光，首先運用陰陽雙修法來注解詮釋《悟真篇》，從而開闢了《悟真篇》陰陽雙修的研究習煉系統。」（山東人民出版社，1996 年 1 月，頁 468）。

〔註63〕翁葆光《悟真篇註‧序》曰：「時皇宋乾道癸巳（1173）中秋，象川無名子翁葆光謹序。」（《紫陽真人悟真篇注疏‧序》，《道藏》（三家本），第二冊，頁 913 中）。

〔註64〕《道藏》（三家本），第三冊，頁 109 上中。

〔註65〕《金丹大要‧金丹詩二十五首》云：「求財求侶煉金丹，財不難兮侶卻難。得侶得財多外護，做仙何必泥深山。」（《藏外道書》9 冊，頁 45）、《金丹大要‧卷一》曰：「蓋得知音道侶，乃相規檢，匡其不逮，以共成道。亦有善侶而未

此後傳說翁葆光得若一子資助而得成大道，並於淳熙庚戌歲（1190）傳道予若一子。但翁並沒有盡傳其雙修法訣，而是告訴若一子說，其機緣當在後。之後若一子果然於庚申歲（1200）遇寺簿盧公於姑蘇，而得傳丹法秘訣，而且盧公丹法亦劉永年所傳授。〔註66〕

劉永年這一系的傳承，雖然存在年代銜接的問題，但筆者認爲如果從宗承《悟眞篇》的角度來看，此系亦當爲張伯端《悟眞篇》法脈的傳承（爲張伯端的別傳法脈）。〔註67〕所以劉永年這一系的傳承，與《悟眞篇》有直接關係的是註解過《悟眞篇》的翁葆光。因此這一系《悟眞篇》丹法的傳承是：

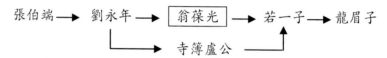

張伯端 ➞ 劉永年 ➞ 翁葆光 ➞ 若一子 ➞ 龍眉子
寺簿盧公

聞道，財則有餘，是宜貿易，兩相成事。」（同上，頁8）。

〔註66〕《金液還丹印證圖‧後識》曰：「我之志槃可見矣！爾其勉諸，因遂授道，實淳熙庚戌歲也。造丹合和，未宜盡傳，後有所指。庚申歲，復遇寺簿盧公於姑蘇，始訣其祕，蓋盧亦劉所授也。」（《道藏》（三家本），第三冊，頁109中）。

〔註67〕卿希泰主編《中國道教史‧第三卷‧第八章‧第七節》曰：「謂劉永年與張伯端間有親傳關係，大可懷疑。但劉永年、翁葆光一系即使未得張伯端親傳，亦宗承《悟眞篇》，并自列于張伯端門下，可看作南宗之一脈。」（成都：四川人民出版社，1996年，頁144～145）；郝勤《龍虎丹道——道教內丹術‧五、雙修丹法》云：「內丹陰陽雙修派雖然是秘傳，但卻是南宗的重要支系，其影響和地位不容低估。」（四川人民出版社，1994年7月，頁259）；卿希泰著《續‧中國道教史史綱‧第一章》曰：「紫陽派在傳授過程中也發生某種異變。男女雙修一系即屬於此等變異性的分支，該分支始於北宋末南宋初的劉永年。……劉永年與張伯端的師承關係難於確定。不過，劉氏在思想宗旨上又頗尊崇張伯端，其後繼者也奉張伯端爲先祖，故可看作紫陽派的又一個分支。」（四川人民出版社，1999年8月，頁115～116）；卿希泰主編《中國道教思想史‧第三卷‧第二十二章》曰：「雖然此一系（劉永年）自稱親得張伯端傳承的疑實頗多，不過因其思想理論確實宗承于《悟眞篇》，故人們一般也將其視爲南宗後學。」（北京：人民出版社，2009年12月，頁65）；董沛文主編、周全彬、盛克琦編校《悟眞抉要——道教經典《悟眞篇》注解集成‧上‧前言》曰：「張伯端在死後近六十年，傳道於劉永年，翁葆光雖然在其《悟眞篇注》中未曾明說，但他在注中處處以張伯端一派正宗自居，結合陳達靈序及龍眉子之說，大抵可信葆光是以此傳說授受及門弟子的。此種傳說，有悖於史實，但在宗教事相中，卻有合理存在的理由。……因此，我們可以把劉永年一支用佛門禪宗之例稱之爲『教外別傳』派。」（北京：宗教文化出版社，2010年12月，頁19～20）。

三、張伯端「南宗」法脈的定義

　　張伯端法脈傳人，如果以流傳或註解《悟眞篇》爲基準，大概可以分成三系：（1）馬默一系（2）石泰一系（3）劉永年一系。馬默一系，主要對《悟眞篇》的文獻保存與流傳，發揮很大的作用力與影響力。石泰一系，公認爲張伯端的嫡傳正宗法脈。其中薛道光與陳致虛先後註解過《悟眞篇》傳世。劉永年一系，爲張伯端法脈的別傳，其中翁葆光對《悟眞篇》作出陰陽雙修的詮釋。此外，還有一些自稱承傳張伯端法脈者或承傳不明而註解過《悟眞篇》傳世者，不在此三系之中。〔註68〕這些張伯端法脈傳人或自稱承傳張伯端法脈者，後世統稱爲「金丹派南宗」、「金丹南宗」、「紫陽派」及「全眞教南宗」或直接簡稱爲「南宗」。〔註69〕

〔註68〕不在此三系之中，宋元時期的有：葉文叔（《悟眞篇・註》）、袁公輔（《悟眞篇・註》）、陳達靈（《悟眞篇・傳》）、戴起宗（《悟眞篇・疏》）、陸墅（《悟眞篇・註》）、夏宗禹（《悟眞篇・講義》）等。以上載於：（1）宋張伯端《悟眞篇》五卷（《修眞十書》，《道藏》（三家本），第四冊，頁711～750）；（2）宋翁葆光註、陳達靈傳、元戴起宗疏《紫陽眞人悟眞篇註疏》八卷（《道藏》（三家本），第二冊，頁910～968）；（3）宋薛道光、陸墅、元陳致虛《紫陽眞人悟眞篇三注》五卷（《道藏》（三家本），第二冊，頁968～1019）；（4）宋夏元鼎撰《紫陽眞人悟眞篇講義》七卷（《道藏》（三家本），第三冊，頁32～62）。

〔註69〕卿希泰主編《中國道教（一）・第二編　宗派源流・金丹派南宗》曰：「金丹派南宗爲南宋時期形成的道教內丹派別，與北方的全眞道相對。因地處江南，故稱『南宗』。該派祖述五代至北宋間道士鍾離權與呂洞賓，謂其丹法傳自鍾、呂。以北宋張伯端爲開派祖師。並提出張伯端──石泰──薛道光──陳楠──白玉蟾的傳法譜系。」（上海：知識出版社，1994年1月，頁155）；卿希泰主編《中國道教史・第三卷・第八章・第七節》曰：「『南宗』之名，乃後人所加，用以區別於全眞一派『北宗』。若就廣義的、內丹學意義上的『南宗』而言，應指宗奉張伯端一系內丹學的內丹學派。」（成都：四川人民出版社，1996年，頁147）；卿希泰著《續・中國道教史史綱・第一章》曰：「所謂金丹南宗者，其特點是宗承北宋張伯端的內丹說，……因其以張伯端爲祖師，故可稱爲紫陽派。從其專主內丹修煉這一宗旨來看，與北方的全眞道相似，故人們便以之與王重陽所創的全眞道相對比，稱王重陽一脈爲北宗，稱紫陽派爲南宗。」（四川人民出版社，1999年8月，頁83～84）；陳兵《道教之道・三、金丹派南宗淺探》曰：「金丹派南宗，指宗承北宋張伯端內丹說，主要流傳於南宋的一派道教。該派自己未嘗立名標宗，『南宗』之稱，係後人所加，以與流傳於北方金朝的全眞道相對而言。……張伯端一系道教，應具稱『金丹派南宗』。金丹，乃宋以來內丹的通稱。」（北京：今日中國出版社，1995年，頁40）；朱越利〈全眞教南宗的形成〉云：「鍾呂金丹派南宗是全眞教南宗的前身。從《悟眞篇》開始流傳始，到鍾呂金丹派南宗建立止，這一時期可以說是全眞教南宗形成過程的第一階段。」（收載於：熊鐵基、麥子

　　根據現存的資料顯示，張伯端著作《悟眞篇》一書以及傳法授徒，但張氏本身並未創立任何宗教派別團體（南宗之名爲後人所追加，張氏丹法傳授僅限於傳統師徒間的口訣功法相授受）。現代宗教學認爲一個「宗教」之所以可以成立，必須具備「四個宗教要素」（宗教的觀念或思想、感情或體驗、行爲或活動、組織和制度；前兩項爲宗教的內在因素；後兩項爲宗教的外在因素）。〔註70〕易言之，如果僅止於宗教的「內在因素」，充其量只能說是修煉者個人主觀的內在經驗，無法達到客觀化與普遍化而爲人們所認知。所以宗教的「外在因素」，是評量一個「宗教」之所以可以成立的主要因素。因此，一些學者便主張正式建立「金丹派南宗」（有宗派性質的南宗）者爲南宗五祖之第五祖白玉蟾。因爲最初的南宗信徒多爲居家修煉之人而非職業道士，且多只以師徒間秘授的方式來發展信徒，唯至白玉蟾時方比較重視對本派教團組織及宗教活動場所的建設，開始使南宗由一個內丹學派眞正發展成爲一個在社會上較有影響的道教宗派。〔註71〕

　　筆者認同白玉蟾正式建立「金丹派南宗」的說法，而這個說法也普遍爲道教學術界所接受與認同而成爲一個公認的看法。不過，筆者接下來所要提出的問題是：是否只有白玉蟾所建立的南宗嫡傳法脈（祖述張伯端爲祖師的嫡傳傳法譜系：張伯端→石泰→薛道光→陳楠→白玉蟾）才能稱爲「南宗」？還是只要以張伯端的丹法爲依歸或註解《悟眞篇》或者兩者皆有，就可稱爲「南宗」法脈的成員信徒？關於這個問題，我們從前述學者的看法以及前述

飛主編《全眞道與老莊學國際學術研討會論文集（上冊）》，湖北：華中師範大學出版社，2009年5月，頁161～162）。

〔註70〕呂大吉，《宗教學通論新編·第二節·宗教的基本要素及其邏輯結構》（北京：中國社會科學出版社，1998年12月，頁76）。

〔註71〕卿希泰主編《中國道教思想史·第三卷·第二十二章　南宋元代金丹派南宗的思想》（北京：人民出版社，2009年12月，頁48）；詳細說明，另見於：卿希泰著《續·中國道教史史綱·第一章》（四川人民出版社，1999年8月，頁91～92）與任繼愈主編《中國道教史·下卷·第十四章　兩宋內丹道派》（北京：中國社會科學出版社，1999年12月，頁628）；此外，侯外廬主編《中國思想通史·第四卷下·宋元時代的道教及其與道學的關係》中提出兩點依據：1白玉蟾建立教團、2白玉蟾建立南理論體系，認定白玉蟾於1217～1222（嘉定十年至十五年）創立了道教南宗。（北京：人民出版社，1960年，頁807～809）；朱越利〈全眞教南宗的形成〉中亦斷定白玉蟾創立了鍾呂金丹派南宗，理由亦有二點：1白玉蟾吸收了鍾呂丹法、2白玉蟾編製了鍾呂金丹派系譜。（收載於：熊鐵基、麥子飛主編《全眞道與老莊學國際學術研討會論文集（上冊）》，湖北：華中師範大學出版社，2009年5月，頁133～136）。

筆者的論述（張伯端法脈的傳人）看來，「南宗」法脈的成員信徒（以流傳或註解《悟真篇》爲基準）包含了：（1）馬默一系（2）石泰一系（3）劉永年一系。另外，還有一些自稱承傳張伯端法脈者或承傳不明而註解過《悟真篇》傳世者（這些人宋元時期有：葉文叔、袁公輔、陳達靈、戴起宗、陸墅、夏宗禹等）。

　　經由上述的論說，可以看出學術界是以一個比較寬鬆的標準來看待「何謂南宗」這個問題。易言之，道教學術界普遍認爲只要是以張伯端的丹法爲依歸（祖述張伯端丹法並以其爲祖師）或註解《悟真篇》或者兩者皆有，就可自稱爲「南宗」法脈的信徒成員。〔註72〕並且有學者（任繼愈）提出將這些「張伯端的後學」分成兩類的說法，即：「重內丹傳統」與「重禪道融合」。然後重內丹傳統一類，在修煉方式上又分「清修」、「雙修」二派。〔註73〕

　　筆者認爲任繼愈先生的分類說法是非常有見地的。不過，在南宗後學的羅列上卻顯的疏漏而不夠完整以及在「重內丹傳統」中，人物分別置於「清修」、「雙修」二派的哪一派的可討論性。易言之，筆者認爲「張伯端的後學」應該包括：「嫡傳」、「別傳」、「承傳不明者」及「註解《悟真篇》者」這四項。任先生只列出：石泰、薛道光、陳楠、白玉蟾、劉永年及翁葆光。其中石泰、薛道光、陳楠、白玉蟾是屬於張伯端的法脈嫡傳；劉永年、翁葆光則屬於張伯端的別傳法脈。可以看出任氏的說法明顯缺漏「承傳不明者」，另外在「註解《悟真篇》者」方面，僅列了翁葆光而顯得不完整。

　　在「重內丹傳統」中修煉方式分爲「清修」與「雙修」二派，任繼愈先生將石泰、薛道光列爲清修派的代表，但卻又表示「男女雙修，固亦源遠流長，乃古代房中術的發展，劉永年自當有所稟承其道。其徒翁葆光注釋《悟

〔註72〕這個說法的代表者如：任繼愈主編《中國道教史・下卷・第十四章　兩宋內丹道派》曰：「就廣義而言，張伯端南宗一派，當包括所有的張伯端後學，不限於有教團組織的白玉蟾一系。」（北京：中國社會科學出版社，1999年12月，頁629）；卿希泰主編《中國道教思想史・第三卷・第二十二章　南宋元代金丹派南宗的思想》云：「上述宗承張伯端內丹學說之人，雖不一定全屬張氏嫡傳，但卻皆可被視爲張伯端內丹學派之成員。……這個道教宗派本自無名，在兩宋間主要活動於南方，當全真道於宋金之際興起於中國北方後，人們以二者皆祖述鍾呂金丹派學說卻又地處南、北，而分別將它們稱爲金丹派的『南宗』與『北宗』。」（北京：人民出版社，2009年12月，頁34）。

〔註73〕任繼愈主編《中國道教史・下卷・第十四章　兩宋內丹道派》（北京：中國社會科學出版社，1999年12月，頁629）。

眞篇》，主張雙修，而在理論上與石（泰）、薛（道光）接近。」〔註74〕筆者認爲，既然任氏認定石泰、薛道光爲清修派的代表，又爲何會與雙修派的翁葆光理論上接近呢？此處明顯有矛盾背反之處（清修、雙修的二律背反）！還是說石泰與薛道光的內丹功法性質既有清修亦包含雙修？〔註75〕

筆者認爲，關於石泰與薛道光的內丹功法性質（清修或雙修或兩者皆有）的問題，應該和石泰的傳法系譜以及薛道光與翁葆光注《悟眞篇》混同有一定的關係。易言之，筆者前述曾提及陳致虛是因爲其業師趙友欽（緣督）曾受石泰傳授丹法，才與石泰發生較遠的丹法傳承關係。接著，陳致虛曾註解過《悟眞篇》（《紫陽眞人悟眞篇三注》）傳世，其丹法的性質爲陰陽雙修。所以後世可能因此逆推這個「傳法系譜」（石泰→趙友欽→陳致虛），而認定石泰丹法的性質可能包含有陰陽雙修的成分。至於薛道光的丹法性質可能亦含有雙修的成分，除了《紫陽眞人悟眞篇三注》中薛道光的註解其實大部分是擷取翁葆光的《悟眞篇‧注》（因爲翁葆光的丹法爲陰陽雙修，所以就認爲薛道光的丹法亦是陰陽雙修）〔註76〕外，根據〈薛紫賢事蹟〉與《歷世眞仙體道通鑒‧卷四十九‧薛式》的記載，石泰傳給薛道光的丹法性質應該就是陰

〔註74〕同上，頁 629～630。

〔註75〕關於石泰與薛道光的內丹功法性質，認爲石泰與薛道光爲「清修」丹法的學者有：王沐《悟眞篇淺解‧附錄二《悟眞篇》丹法源流‧《悟眞篇》與南北宗》（北京：中華書局，1990 年 10 月，頁 364～366，369）、陳兵《道教之道‧三、金丹派南宗淺探》（北京：今日中國出版社，1995 年，頁 43）、卿希泰主編《中國道教史‧第三卷‧第八章‧第七節》（成都：四川人民出版社，1996 年，頁 142）以及孔令宏、韓松濤著《丹經之祖——張伯端傳‧第八章　派系及弟子》（浙江人民出版社，2007 年 8 月，頁 224）；認爲石泰與薛道光爲「陰陽雙修」丹法的學者有：郝勤《龍虎丹道——道教內丹術‧五、雙修丹法》（四川人民出版社，1994 年 7 月，頁 257）、謝正強《傅金銓內丹思想研究‧第二章》（四川：巴蜀書社，2005 年 12 月，頁 45～46）以及李顯光《混元仙派研究‧八　張伯端的傳承體系》（北京：中國社會科學出版社，2007 年 10 月，頁 243～244）。

〔註76〕薛道光《悟眞篇》的註解其實大部分是擷取翁葆光的《悟眞篇‧注》的說法，最早見於：戴啓宗《悟眞篇‧注辯》（收載於：《紫陽眞人悟眞直指詳說三乘秘要》，《道藏》（三家本），第二冊，頁 1025 中～1026 下）；戴啓宗並提出薛道光與翁葆光混同的主要原因是兩人的名字相近（同上，頁 1026 上）。今人楊立華在《〈悟眞篇〉薛注考》一文中則提出另外四個混同的原因：（1）二者所承之丹法甚爲相近（2）二者都自稱是張伯端的再傳（3）兩種注本的成書時間大體相近（4）翁注與薛注的寫作宗旨也甚相近。（楊立華《〈悟眞篇〉薛注考》，《世界宗教研究》2000 年第 2 期，頁 92）。

陽雙修丹法。〈薛紫賢事蹟〉曰：

> 道源聞石泰說是語已，稽首皈依，請因受業，卒學大丹，及復
> 受得口訣真要。且戒往通邑大都，依有德有力者，可即圖之。道源
> 遂來京師，棄僧伽梨，幅巾縫掖，和光同塵，混於常俗，覬了此事。
> 〔註77〕

《歷世真仙體道通鑒·卷四十九·薛式》曰：

> 薛道光，一名式，一名道源，陝府雞足山人也。一云閬州人，
> 字太原。嘗為僧，法號紫賢，一號毗陵禪師。……且復雅意金丹導
> 養。宋徽宗崇寧五年丙戌冬，寓郿縣之青鎮，聽講佛寺，適遇鳳翔
> 府扶風縣杏林驛道人石泰，字得之，年八十五矣，髮綠朱顏，神宇
> 非凡，夜事縫紉，紫賢心因異之，偶舉張平叔詩曲，石矍然曰：識
> 斯人乎？吾師也。備言紫陽傳道之由，紫賢乃稽首皈依，請因受業，
> 卒學還丹，傳受口訣真要，且戒令往通邑大都，依有力者，即可圖
> 之。紫賢遂來京師，棄僧迦黎幅巾縫掖，和光混俗，顯了此事，乃
> 註解《悟真篇》，作《復命篇》及《丹髓歌》行世。〔註78〕

石泰傳法給薛道光，並告誡他「往通邑大都，依有德有力者，即可圖之」。
此句話頗耐人尋味，為何要往通邑大都，依有德有力者？即可圖之，圖什麼？
如果是清修丹法，應該是往山林僻靜處修鍊。如果是清修丹法，所需的藥物
皆在自己身中，何需依附有德有力者？有德有力者能提供清修者哪些需求？
其次，薛道光原本為僧人（毗陵禪師），為何要在得到丹法要訣後即「棄僧迦」
（還俗）而「和光混俗」？以上這些可疑之處，都讓人不免有所懷疑石泰傳
給薛道光的丹法並非清修丹法。最後，陰陽雙修丹法需要有「法、財、侶、
地」等四個要素，可以合理的推測薛道光在得到石泰所傳的雙修法訣後，往
通邑大都，依有德有力者是為了要得到錢財器具、修煉伴侶與外護以及修練
場所等資助，如此才能「顯了此事」。

筆者此處來做個結論：所謂「南宗」，應該採取比較寬鬆的說法。即包含：
（1）馬默一系（2）石泰一系（3）劉永年一系。另外，還有一些自稱承傳張
伯端法脈者或承傳不明而註解過《悟真篇》傳世者（這些人宋元時期有：葉

〔註77〕《紫陽真人悟真直指詳說三乘秘要》，《道藏》（三家本），第二冊，頁1024中
　　　　下～1025上。
〔註78〕《道藏》（三家本），第五冊，頁384下～358上。

文叔、袁公輔、陳達靈、戴起宗、陸墅、夏宗禹等）。換言之，只要宗奉張伯端的《悟眞篇》丹法，包含張伯端法脈的「嫡傳」、「別傳」、「承傳不明者」及「註解《悟眞篇》者」這四項，皆可稱作張伯端南宗法脈的後學成員。至於南宗後學成員之内丹功法性質（清修或雙修或兩者皆有）的問題，一般大致認爲「嫡傳」一系（陳楠、白玉蟾）爲清修功法（石泰與薛道光可能同時擁有清修、陰陽雙修功法）；「別傳」一系（劉永年、翁葆光、寺簿盧公、若一子、龍眉子）則爲陰陽雙修功法；「承傳不明者」及「註解《悟眞篇》者」中，葉文叔、袁公輔及夏宗禹爲清修功法，陳達靈、戴起宗與陸墅則爲陰陽雙修功法。〔註79〕

四、結　論

　　南宗法脈「三系說」（馬默一系、石泰一系及劉永年一系）中，劉永年一系的承傳時代銜接問題（張伯端別傳劉永年），筆者認爲這個傳承事件，剛好可以讓我們反思要如何理解與看待道教丹道史上流傳的丹法承傳說法問題。我們知道宗教史上的法脈傳承，通常是具有傳說與神話的成分。所以，通常某些法脈傳承說法是經不起歷史史料的考證與檢證。但這些宗教史上的法脈流傳說法，確具有一定的擴散影響力與信仰凝聚力而爲該派信徒所深信不已（其中法脈的正統性與正當性，通常會掩蓋過歷史傳承時代的眞實性）。因此，我們應該同情地理解道教丹道史上所流傳的丹法承傳說法。

〔註79〕朱越利〈宋元南宗陰陽雙修的代表人物和經訣〉一文中，認爲白玉蟾與夏宗禹的丹法性質有陰陽雙修的成份。筆者認爲朱氏此說缺乏確切的論據，因爲朱氏此文武斷地將白玉蟾與夏宗禹的丹法隱喻或譬喻的詩詞，皆認定爲含有雙修的成份，筆者認爲這部分過於武斷，是可以討論的。（《宗教學研究》，2010年第2期，頁1～12）；關於南宗後學成員之内丹功法性質（清修或雙修或兩者皆有）的詳細論述，見於：（1）王沐《悟眞篇淺解・附錄二《悟眞篇》丹法源流・《悟眞篇》與南北宗》（北京：中華書局，1990年10月，頁363～375）、（2）郝勤《龍虎丹道——道教内丹術・五、雙修丹法》（四川人民出版社，1994年7月，頁256～260）、（3）陳兵《道教之道・三、金丹派南宗淺探》（北京：今日中國出版社，1995年，頁43～48）、（4）卿希泰主編《中國道教史・第三卷・第八章・第七節》（成都：四川人民出版社，1996年，頁142～148）、（5）謝正強《傅金銓内丹思想研究・第二章》（四川：巴蜀書社，2005年12月，頁45～47）以及（6）孔令宏、韓松濤著《丹經之祖——張伯端傳・第八章　派系及弟子》（浙江人民出版社，2007年8月，頁224～255）。

關於南宗法脈的成員「定義說」，筆者認爲道教學術界是以一個比較寬鬆的標準來看待「何謂南宗」這個問題。換言之，只要是以張伯端的丹法爲依歸（祖述張伯端丹法並以其爲祖師）或註解《悟眞篇》或者兩者皆有，就可自稱爲「南宗」法脈的信徒成員。筆者認爲南宗的定義應該是：只要宗奉張伯端的《悟眞篇》丹法，包含張伯端法脈的「嫡傳」、「別傳」、「承傳不明者」及「註解《悟眞篇》者」這四項，皆可稱作張伯端南宗法脈的後學成員。

參考資料

1. 翁葆光註、陳達靈傳、戴起宗疏《紫陽眞人悟眞篇注疏》《道藏》（三家本），第二冊，上海書店，1994 年。

2. 翁葆光《紫陽眞人悟眞直指詳說三乘秘要》《道藏》（三家本），第二冊。。

3. 翁葆光《悟眞篇注釋》《道藏》（三家本），第三冊。。

4. 陸彥孚〈悟眞篇記〉，收錄於：《紫陽眞人悟眞篇三注序》《道藏》（三家本），第二冊。

5. 〈悟眞篇本末事蹟・張眞人本末〉，收錄於：《紫陽眞人悟眞直指詳說三乘秘要》《道藏》（三家本），第二冊。

6. 〈薛紫賢事蹟〉《紫陽眞人悟眞直指詳說三乘秘要》《道藏》（三家本），第二冊。

7. 薛道光、陸墅、陳致虛註《紫陽眞人悟眞篇三注》《道藏》（三家本），第二冊。

8. 龍眉子《金液還丹印證圖》《道藏》（三家本），第三冊。

9. 石泰《還源篇》，收錄於：《修眞十書・雜著指玄篇》，《道藏》（三家本），第四冊。

10. 李簡易《玉谿子丹經指要・混元仙派之圖》《道藏》（三家本），第五冊。

11. 趙道一編《歷世眞仙體道通鑒》《道藏》（三家本），第五冊。

12. 《上陽子金丹大要列仙誌》《道藏》（三家本），第二十四冊。

13. 《海瓊問道集》《道藏》（三家本），第三十三冊。

14. 《海瓊傳道集》《道藏》（三家本），第三十三冊。

15. 《玉清金笥青華秘文金寶內鍊丹訣》《藏外道書》6 冊，巴蜀書社，1994 年 12 月。

16. 陳致虛《金丹大要・仙派》，《藏外道書》9 冊。

17. 《宋史・卷三百四十四・列傳第一百三》台北：鼎文書局，1983 年。

18. 羅月霞主編，《宋濂全集・第三冊》浙江古籍出版社，1999 年 12 月。

19. 《四庫全書總目提要‧叁》河北人民，2000 年 3 月。

20. 侯外廬主編《中國思想通史‧第四卷下》北京：人民出版社，1960 年。

21. 呂大吉，《宗教學通論新編》（北京：中國社會科學出版社，1998 年 12 月。

22. 仇兆鰲《悟眞篇集註》台北：自由出版社，1999 年 4 月。

23. 黃公偉《道教與修道秘義指要》台北：新文豐出版公司，1982 年 1 月。

24. 王沐《悟眞篇淺解》北京：中華書局，1990 年 10 月。

25. 陳兵《道教之道》北京：今日中國出版社，1995 年。

26. 任繼愈主編《道藏提要》，北京：中國社會科學出版社，1991 年 7 月。

27. 任繼愈主編《中國道教史‧下卷》北京：中國社會科學出版社，2001 年 9 月。

28. 朱越利〈張伯端的生平和丹法流傳〉《道教研究》第一輯：四川人民出版社，1994 年，頁 31～39。

29. 朱越利〈金丹派南宗形成考論〉，收載於：賴宗賢、詹石窗主編《道韻（六）——金丹派南宗（乙）》，台北：中華大道出版社，2000 年 2 月，頁 124～166。

30. 朱越利、陳敏著《道教學》，北京：當代世界出版社，2000 年 6 月。

31. 朱越利〈《悟眞篇》的文本與丹法〉《國學研究》第二十一卷，2008 年，頁 157～194。

32. 朱越利〈全眞教南宗的形成〉，收載於：熊鐵基、麥子飛主編《全眞道與老莊學國際學術研討會論文集（上冊）》，湖北：華中師範大學出版社，2009 年 5 月，頁 127～162。

33. 朱越利〈宋元南宗陰陽雙修的代表人物和經訣〉《宗教學研究》，2010 年第 2 期，頁 1～12。

34. 李遠國《道教氣功養生學》，四川：社會科學院出版社，1988 年 6 月。

35. 張廣保《唐宋內丹道教》，上海文化出版社，2001 年 1 月。

36. 柳存仁〈張伯端與悟眞篇〉，收載於：《和風堂文集‧中冊》，上海古籍出版社，1991 年 10 月，頁 786～808。

37. 卿希泰主編《中國道教（一）》上海：知識出版社，1994 年 1 月。

38. 卿希泰主編的《中國道教史‧第二卷》四川人民出版社，1996 年。

39. 卿希泰主編的《中國道教史‧第三卷》四川人民出版社，1996 年。

40. 卿希泰著《續‧中國道教史史綱》四川人民出版社，1999 年 8 月。

41. 卿希泰主編《中國道教思想史》北京：人民出版社，2009 年 12 月。

42. 郝勤《龍虎丹道——道教內丹術》四川人民出版社，1994 年 7 月。

43. 趙立綱主編《歷代名道傳》山東人民出版社，1996 年 1 月。

44. 潘雨廷《道教史發微》上海社會科學院出版社，2003 年 6 月。

45. 楊立華〈《悟真篇》薛注考〉，《世界宗教研究》2000 年第 2 期，頁 86～93。

46. 劉國樑、連遙注譯《新譯悟真篇》台北：三民書局，2005 年 1 月。

47. 謝正強《傅金銓內丹思想研究》四川：巴蜀書社，2005 年 12 月。

48. 李顯光《混元仙派研究》北京：中國社會科學出版社，2007 年 10 月。

49. 孔令宏、韓松濤著《丹經之祖——張伯端傳》浙江人民出版社，2007 年 8 月。

50. 董沛文主編、周全彬、盛克琦編校《悟真抉要——道教經典《悟真篇》注解集成·上·下》（北京：宗教文化出版社，2010 年 12 月。

51. 謝聰輝〈南宋中期以前傳統道經出世的類型與特質析論〉，收載於：《東宗的呼喚——2010 賴鵬舉居士逝世週年學術研討會論文集》，台北：國立台北藝術大學傳統藝術研究中心，2011 年 1 月，頁 373～388。

52. 謝聰輝〈南宋道經中「飛鸞開化」出世類型的認知與特質析論〉，收載於：《開拓者的足迹：卿希泰先生八十壽辰紀念文集》，四川：巴蜀書社，2010 年 8 月，頁 133～155。

53. 段致成《道教丹道易學研究－以《周易參同契》與《悟真篇》為核心的開展》國立臺灣師範大學國文所博士論文，2005 年 7 月。

貳、現存南宋金元時期《悟眞篇》註本分析與「悟眞學」的提出與定義

一、前　言

　　本文是立基於拙著〈試論張伯端法脈傳人與「南宗」法脈的定義〉〔註1〕（以下簡稱：「法脈傳人」）一文的基礎上，接續論述「現存南宋金元時期《悟眞篇》註本」與「悟眞學」這兩個命題。

　　在「現存南宋金元時期《悟眞篇》註本分析」中，筆者將分別論述：（1）現存南宋金元時期《悟眞篇》註本的內容結構、（2）《悟眞篇》有無「定本」與「別本」的問題。

　　在「悟眞學的提出與定義」中，筆者將分別論述：（1）「悟眞學」的定義、（2）「悟眞學」成立的條件。

二、現存南宋金元時期《悟眞篇》註本分析

　　在「法脈傳人」一文中，筆者曾提及《悟眞篇》成書於北宋神宗熙寧八年至元豐元年（1075～1078）間。並引用朱越利先生的說法，認爲《悟眞篇》成書後，經歷約一世紀的沉寂，南宋金元時期，《悟眞篇》丹法的流傳分爲四個階段：第一階段爲宋高宗、孝宗時期（1145～1189），特點是出現注疏與學派；第

〔註1〕《成大宗教與文化學報》第 19 期，2012 年 12 月，頁 23～56。

二階段爲宋光宗、寧宗時期（1190～1224），特點是《悟眞篇》廣泛流傳，教派形成；第三階段爲宋理宗至宋亡（1225～1279），此時新派別與新著作大量湧現；第四階段爲元代（1279～1368），特點爲金丹派南、北宗合流成爲趨勢。〔註2〕

　　筆者認爲朱越利先生的說法（南宋金元時期《悟眞篇》丹法的流傳分爲四個階段），如果再結合筆者在「法脈傳人」一文中所論述的南宗法脈「三系說」與南宗法脈的成員「定義說」〔註3〕，另外再加上現存於《正統道藏》中關於南宋金元時期註解《悟眞篇》的著作這個條件。如此，將可呈現出南宋金元時期註解過《悟眞篇》的成員或爲這些注解作過序文者。這些《悟眞篇》註解成員與爲這些注解作序文者的時間排列順序大約是：（1）葉文叔（1161）、（2）陸思誠（1169）、（3）薛道光（1169）、（4）翁葆光（1173）、（5）陳達靈（1174）、（6）袁公輔（1202）、（7）夏元鼎（1227）、（8）李簡易（1264）、（9）陸墅（生卒年不詳）、（10）陳致虛（1290～？，1329 得金丹之道）、（11）戴起宗（1335）。〔註4〕

〔註2〕 王家忠〈白玉蟾與金丹派南宗〉一文，亦提出類似的說法，王氏認爲金丹派南宗發展經歷三個時期：（1）形成時期：從北宋寧熙年間張伯端開派即 1075 年前後著《悟眞篇》闡揚，至陳楠時期，約 1075 年～1213 年。這一時期的掌教傳承皆爲單傳即張伯端—石泰—薛道光—陳楠，並未形成道派；（2）發展時期：自南宋嘉定十年（公元 1217 年）始白玉蟾創立金丹派南宗，至紹定二年（公元 1226 年）白玉蟾解化於旴江，爲金丹派南宗發展時期。即 1217～1226 年；（3）南北歸宗時期：從白玉蟾解化，到元中葉的慧中時期。即 1226～1370 年。（以上說法見於：《海南師範學院學報（人文社會科學版）》，2002 年第 2 期，頁 70～73）。

〔註3〕 關於南宗法脈「三系說」與南宗法脈的成員「定義說」，詳細的內容見於拙著：〈試論張伯端法脈傳人與「南宗」法脈的定義〉一文中的論述與探討（《成大宗教與文化學報》第 19 期，2012 年 12 月，頁 23～56）。

〔註4〕 關於葉文叔與翁葆光兩人的時代與著作，筆者將在正文部分敘述。至於陸思誠、陳達靈與薛道光等人是否註解過《悟眞篇》，還是僅是爲《悟眞篇》作過序文等問題，筆者在此作簡略的敘述。首先，陸思誠於乾道五年（1169）著作〈悟眞篇記〉《道藏》（三家本），第二冊，頁 968 下～969 中），又《紫陽眞人悟眞篇三注‧卷一》中「（薛）道光」的註解有「陸思成作序云」之語（《道藏》（三家本），第二冊，頁 981 下～982 上）；又《紫陽眞人悟眞篇注疏‧卷三》云：「陸思誠作《悟眞篇》後序云」（同上，頁 929 下）；以上資料證明陸思誠曾爲《悟眞篇》作過前序與後序。但陸思誠是否曾註解過《悟眞篇》，由於現存資料不足，所以無法證成。至於陳達靈，《紫陽眞人悟眞篇注疏‧序》後有「武陵紫陽翁陳達靈序」（同上，頁 911 中下）；此證明陳達靈僅爲《悟眞篇》作過前序。但陳達靈是否曾註解過《悟眞篇》，由於現存資料不足，亦無法證成。關於薛道光是否眞的註解過《悟眞篇》以及現存《正統道藏》中《紫陽眞人悟眞篇三注》中

1、現存南宋金元時期《悟真篇》註本

上述的看法，反映了一個事實，就是張伯端的《悟眞篇》在成書後，即在社會上廣爲流傳，因此便形成不同的《悟眞篇》註本這個事實存在。元戴起宗於至元元年（1335）之《悟眞篇註疏・序》中，即陳述當時所見數十家《悟眞篇》註本的情形。其曰：

> 自葉文叔既註之後，人晦於道，無辨其錯者。予所見數十家（《悟眞篇》）註，皆以獨修偏解，或以旁術妄箋，致使金丹大道世不得聞。
> 〔註5〕

元張士弘在〈紫陽眞人悟眞篇筌蹄〉中亦提出類似的說法，不過張氏當時所見《悟眞篇》註本有三十多家，其云：

> 予頃在中書，有志于此，每疑仙與佛爲各道，性與命爲兩途。
> 後蒙師授，方得指歸，始知天下無二道之理。倘非師旨，皆是狂談。

之薛道光注是否眞的爲薛道光所作等問題，可以參閱：楊立華〈《悟眞篇》薛注考〉（《世界宗教研究》2000年第2期，頁86～93）一文的討論。

至於袁公輔與《悟眞篇》產生關連是在《修眞十書悟眞篇》中載有袁公輔的註解。（《修眞十書》，《道藏》（三家本），第四冊，頁711中～750上）；關於袁公輔的時代，根據柳存仁《張伯端與悟眞篇》一文的考證，時代晚於翁葆光，大約在寧宗嘉泰間，約西元1202年。（《和風堂文集・中冊》，上海古籍，1991年10月，頁798）；李簡易與《悟眞篇》產生關連是曾作《悟眞篇指要》（收載於：《玉谿子丹經指要》，《道藏》（三家本），第四冊，頁405下～410上），其篇首有「景定五年歲次甲子」的自序。根據任繼愈主編《道藏提要》的記載，景定五年爲西元1264年。（北京：中國社會科學出版社，1991年7月，頁176）；夏元鼎與《悟眞篇》產生關連是曾作《紫陽眞人悟眞篇講義》（《道藏》（三家本），第三冊，頁32中～62上），其篇首有「寶慶三年」眞德秀序。根據任繼愈主編《道藏提要》的記載，寶慶三年爲西元1227年。（北京：中國社會科學出版社，1991年7月，頁108）；陸墅與《悟眞篇》產生關連是在《紫陽眞人悟眞篇三注》中載有陸墅的註解。（《道藏》（三家本），第二冊，頁968下～1019上）；關於陸墅的生卒年不詳，其註解《悟眞篇》的年代應該大約是在宋末元初（根據三注本其他兩位作者：宋薛道光與元陳致虛的生存時代大略推知）。關於陳致虛的生平與年代，請參見：拙著〈試論張伯端法脈傳人與「南宗」法脈的定義〉一文（《成大宗教與文化學報》第19期，2012年12月，頁37～38）。戴起宗與《悟眞篇》產生關連的原因是在《紫陽眞人悟眞篇注疏》中載有戴起宗的註解。（《道藏》（三家本），第二冊，頁910上～968中）；關於戴起宗注疏《悟眞篇》的時代，根據柳存仁《張伯端與悟眞篇》一文的考證，是在元順帝至元元年，西元1335年。（《和風堂文集・中冊》，上海古籍，1991年10月，頁804）。

〔註5〕《紫陽眞人悟眞篇注疏・序》，《道藏》（三家本），第二冊，頁910上。

歷閱群書，遍加詢究，此《悟眞篇》前後註釋，可見三十餘家。於中有力行而深知，有洞達而未行，有及門而無火候，有略曉而無下手，有不得明師妄自箋註，大失其旨。〔註6〕

　　張士弘《紫陽真人悟真篇筌蹄》的說法（「此《悟眞篇》前後註釋可見三十餘家」），佐證了當時有許多人註解過《悟眞篇》，並且有多種的《悟眞篇》註本存在過。今《正統道藏》中收錄《悟眞篇》注釋版本有五種。〔註7〕其詳細情形如下：

　　（a）宋・翁葆光註、陳達靈傳、元・戴起宗疏《紫陽眞人悟眞篇注疏》八卷〔註8〕（以下簡稱：「翁注戴疏本」）

　　　　宋・翁葆光撰《紫陽眞人悟眞直指詳說三乘秘要》一卷【包含：《悟眞篇本末事蹟》（〈張眞人本末〉與〈薛紫賢事蹟〉）、戴起宗〈悟眞篇注辯〉】〔註9〕

　　　　宋・翁葆光撰《紫陽眞人悟眞篇拾遺》〔註10〕

　　（b）宋・薛道光、陸墅、元・陳致虛《紫陽眞人悟眞篇三注》五卷〔註11〕（以下簡稱：「三註本」）

　　（c）宋・翁葆光註《悟眞篇注釋》三卷〔註12〕（以下簡稱：「翁注釋本」）

　　（d）宋・夏元鼎撰《紫陽眞人悟眞篇講義》七卷〔註13〕（以下簡稱：「講義本」）

　　（以上載於：《正統道藏・洞眞部・玉訣類》）

〔註6〕《紫陽眞人悟眞篇三注・序》，《道藏》（三家本），第二冊，頁972下。

〔註7〕另外，《藏外道書》則收錄有五種注本：（1）明陸西星《悟眞篇（詩小序）》一卷（載於：《方壺外史》，《藏外道書》五冊，頁320上～337下）；（2）明彭好古解《悟眞篇》一卷（載於：《道言內外秘訣全書》，《藏外道書》六冊，頁319上～353下）；（3）清劉一明《悟眞直指》四卷（載於：《道書十二種》，《藏外道書》八冊，頁327上～402上）；（4）清陶素耜《悟眞篇約註》三卷（載於：《眞仙上乘》，《藏外道書》十冊，頁66上～124上）；（5）清傅金銓《頂批三注悟眞篇》三卷（載於：《濟一子頂批道書四種》，《藏外道書》十一冊，頁790上～859下）。

〔註8〕《道藏》（三家本），第二冊，頁910上～968中。

〔註9〕《道藏》（三家本），第二冊，頁1019中～1030上。

〔註10〕《道藏》（三家本），第二冊，頁1030中～1033下。

〔註11〕《道藏》（三家本），第二冊，頁968下～1019上。

〔註12〕《道藏》（三家本），第三冊，頁1上～32上。

〔註13〕《道藏》（三家本），第三冊，頁32中～62上。

（e）宋・張伯端《修眞十書悟眞篇》五卷〔註14〕（以下簡稱：「修眞十書本」）

（載於：《正統道藏・洞眞部・方法類》）

這五種注本，正好就是現存「南宋金元時期《悟眞篇》註本」。其中以《修眞十書》本《悟眞篇》的成書時間最早。換言之，其是現存最早的《悟眞篇》注本。據元戴起宗《悟眞篇注疏後記》記載，《修眞十書》本《悟眞篇》是由葉士表（字文叔）撰於南宋紹興三十一年（1161），其曰：「葉文叔《註》在紹興三十一年辛巳」〔註15〕，而翁葆光《註》（「翁注釋本」、「翁注戴疏本」之翁注）則於南宋乾道九年（1173）問世，其云：「無名子（翁葆光）恐其失眞人之旨，迷誤後人，於乾道癸巳，冒犯天譴，謹依師旨，註解篇義，毫分縷析，惟恐人迷，可謂仁慈之普，盡泄天機者矣。」〔註16〕

現依據《正統道藏》（三家本）將這五種注本之結構概述如下〔註17〕：

（1）「修眞十書本」

南宋葉士表、袁公輔、無名子等註解。約成於書於嘉泰壬戌年（1204）。五卷，收載於《修眞十書》（《正統道藏・洞眞部・方法類》）。此書於張伯端自序後附有《丹房寶鑑之圖》，圖後又作「七言古詩五首」（挨排四象生眞土詩、鍊鉛火候、火記六百篇、沐浴、抱一）。接著是《悟眞篇》的正文部份：「七言四韻十六首」、「絕句六十四首」、「又絕句五首」、「五言一首」、「西江月十二首」、「西江月又一首」，正文後附有：「讀《周易參同契》」、「禪宗歌頌」，末尾有「張伯端後敘」。

（2）「翁注釋本」

南宋象川無名子翁淵明註，翁淵明即南宋翁葆光。成書於南宋乾道九年（1173）。三卷，收載於《正統道藏・洞眞部・玉訣類》。此書前無張伯端自序，僅有無名子序。每卷卷首又各有短序，略序分章旨意。上卷載「七言四韻十五首」、「五言一首」，中卷載「絕句六十四首」、「又續添五首」、「西江月十三

〔註14〕 載於：《修眞十書》，《道藏》（三家本），第四冊，頁711中～750上。
〔註15〕 《紫陽眞人悟眞直指詳說三乘秘要》，《道藏》（三家本），第二冊，頁1025下。
〔註16〕 同上，頁1026上。
〔註17〕 以下《正統道藏》（三家本）五種注本之結構內容，筆者除了查閱《道藏》（三家本）的內容外，亦參考過：任繼愈主編《道藏提要》（北京：中國社會科學出版社，1991年7月，頁104～109）與潘雨廷《道藏書目提要》（上海古籍出版社，2003年12月，頁169～172，347～353）。

首」，下卷載「讀《周易參同契》」。末尾無「張伯端後敘」。

（3）「翁注戴疏本」

南宋象川無名子翁淵明註、武夷陳達靈傳、集慶空玄子戴起宗疏。成書於至元元年（1335）。八卷，收載於《正統道藏・洞眞部・玉訣類》。本書係戴起宗爲翁葆光註作疏，戴氏以己意編輯，在詩詞次序與結構內容方面，與「翁注釋本」有明顯不同。此書於張伯端自序之前有戴起宗、陳達靈及翁葆光三人之序。在《悟眞篇》的正文部份有：「七言四韻十六首」、「五言四韻一首」、「絕句六十四首」、「西江月十二首」、「七言一首」，正文後附有：「讀《周易參同契》」、「贈白龍洞劉道人歌」、「石橋歌」。石橋歌之後有「絕句五首」與「西江月一首」。末尾有「張伯端後敘」。附錄與翁葆光、戴起宗有關的文獻：a.《紫陽眞人悟眞直指詳說三乘秘要》、b.《悟眞篇本末事蹟》（〈張眞人本末〉與〈薛紫賢事蹟〉）、c.戴起宗〈悟眞篇注辯〉、d.《紫陽眞人悟眞篇拾遺》（禪宗歌頌詩曲雜言）〔註18〕

（4）「三註本」

此書原題「紫賢薛道光、子野陸墅、上陽子陳致虛註」。五卷。收載於《正統道藏・洞眞部・玉訣類》。此書於張伯端自序前有：薛式、陸子野、上陽子三人之註《悟眞篇》序，又有：「陸思誠〈悟眞篇記〉」與「張士弘〈紫陽眞人悟眞篇筌蹄〉」。在《悟眞篇》的正文部份有：「七言律詩十六首」、「七言絕句六十四首」、「五言一首」、「西江月十二首」、「西江月又一首」、「續絕句五首」。末尾有「紫陽眞人後序」。

（5）「講義本」

此書原題「雲峯散人永嘉夏宗禹著」。七卷。收載於《正統道藏・洞眞部・玉訣類》。夏宗禹即南宋夏元鼎。此書前無張伯端自序，僅有眞德秀與張宓子兩人之序。在《悟眞篇》的正文部份有：「七言四韻詩十六首」、「絕句詩六十

〔註18〕朱越利《悟眞篇》的文本與丹法〉曾云：「從完整性看，《道藏》6 本中，《十書悟眞篇》最優，《悟眞篇講義》與《悟眞篇拾遺》二者相加可以排第二。《悟眞篇三注》、《悟眞篇注釋》和《悟眞篇注疏》皆缺附錄，完整性差。」（《國學研究》第二十一卷，2008 年，頁 163）；筆者認爲朱越利先生提出的《悟眞篇注疏》缺附錄的說法是有待商榷的！原因是：a.《紫陽眞人悟眞直指詳說三乘秘要》、b.《悟眞篇本末事蹟》（〈張眞人本末〉與〈薛紫賢事蹟〉）、c.戴起宗〈悟眞篇注辯〉，這三項文獻是與翁葆光、戴起宗有關的文獻，所以筆者認爲此三項文獻是可附屬於《悟眞篇注疏》而成爲附錄的！

四首」、「五言四韻一首」、「西江月十二首」。末尾無「張伯端後敘」。

現將現存南宋金元時期《悟眞篇》五種注本之結構列表如下：

修真十書本	翁注釋本	翁注戴疏本	三註本	講義本
張伯端序	× 無名子序	張伯端序 翁葆光、陳達靈、戴起宗三人之序	張伯端序 薛式、陸子野、上陽子三人之序	× 眞德秀、張宓子兩人之序
×	×	×	陸思誠〈悟眞篇記〉、張士弘〈紫陽眞人悟眞篇筌蹄〉	×
丹房寶鑑之圖	×	×	×	×
七言古詩五首	×	×	×	×
七言四韻十六首	七言四韻十五首	七言四韻十六首	七言四韻十六首	七言四韻十六首
絕句六十四首	絕句六十四首	絕句六十四首	絕句六十四首	絕句六十四首
絕句又五首	又續添五首	絕句五首	續絕句五首	×
五言一首	五言一首	五言四韻一首	五言一首	五言四韻一首
×	×	七言一首	×	×
西江月十二首	西江月十三首	西江月十二首	西江月十二首	西江月十二首
西江月又一首	×	西江月又一首	西江月又一首	×
讀《周易參同契》	讀《周易參同契》	讀《周易參同契》	×	×
禪宗歌頌	×	《紫陽眞人悟眞篇拾遺》（禪宗歌頌詩曲雜言）	×	×
×	×	贈白龍洞劉道人歌	×	×
×	×	石橋歌	×	×
張伯端後敘	×	張伯端後序	張伯端後序	×
×	×	《紫陽眞人悟眞直指詳說三乘秘要》	×	×
×	×	《悟眞篇本末事蹟》（〈張眞人本末〉、〈薛紫賢事蹟〉）	×	×
×	×	戴起宗〈悟眞篇注辯〉	×	×

上述這五種注本之結構內容可以看出在：「七言四韻詩十六首」、「絕句詩六十四首」、「五言四韻一首」及「西江月十二首」這四項，是五種注本所共同擁有的結構內容（雖然「翁注釋本」七言四韻只有十五首，數目上少一首。而西江月卻有十三首，數目上多了一首。筆者亦將其視爲大略上符合其他四種版本的結構內容）。不過，這五種注本僅這四項結構篇數符合，但其詩詞的次序與文字內容是有所不同的。比如在「七言四韻詩十六首」次序方面，「修眞十書本」的第三首是「學仙須是學天仙」句，「翁注戴疏本」則是「草木陰陽亦兩齊」句，「講義本」則是「此法眞中妙更眞」句。在「七言四韻詩十六首」文字內容方面，「修眞十書本」是「學仙<u>須</u>是學天仙」句，「三註本」則爲「學仙<u>雖</u>是學天仙」句。

在「絕句詩六十四首」次序方面，「修眞十書本」的第一首是「先把乾坤爲鼎器」句，「翁注戴疏本」則是「赫赫金丹一日成」句。在「絕句詩六十四首」文字內容方面，「翁注戴疏本」是「赫<u>赫</u>金丹一日成」句，「翁注釋本」則是「赫<u>赤</u>金丹一日成」句，「講義本」也是「赫<u>赤</u>金丹一日成」句。

在「西江月十二首」次序方面，「修眞十書本」的第二首是「此道至神至聖」句，「翁注釋本」則是「七返朱砂返本」句，「翁注戴疏本」則是「若要眞鉛留汞」句。「西江月十二首」文字內容方面，「修眞十書本」是「<u>內</u>藥還<u>如外</u>藥」句，「講義本」卻是「<u>外</u>藥還<u>如內</u>藥」句，「翁注戴疏本」也是「<u>外</u>藥還<u>如內</u>藥」句，「三註本」則是「內藥還<u>同</u>外藥」句。〔註19〕

2、《悟真篇》有無「定本」與「別本」

上述的論述證明：宋元時期有不同的《悟眞篇》註本這個事實存在。我們證之於陸思誠《悟眞篇記》與翁葆光《悟眞篇註·序》中的說法亦可得到佐證。陸思誠《悟眞篇記》云：

> 今好事者多收此篇，而文理頗有不同，疑其初成未經裁益時，已有傳之者爾。……學者當知，此書（《悟眞篇》）傳之寖廣，獨吾家之本爲眞。蓋平叔之所親授者也。〔註20〕

〔註19〕以上筆者僅是各單舉一列，來説明這五種注本僅這四項結構篇數符合，但其詩詞的次序與文字內容是有所不同的。詳細的論述已有學者提出過，請見：柳存仁〈張伯端與悟眞篇〉（收載於：《和風堂文集·中冊》，上海古籍出版社，1991年10月，頁786～808）；朱越利〈《悟眞篇》的文本與丹法〉（《國學研究》第二十一卷，2008年，頁157～194）。

〔註20〕《紫陽眞人悟眞篇三注·序》，《道藏》（三家本），第二冊，頁969上中。

翁葆光《悟眞篇註・序》亦曰：

> 顧後（《悟眞篇》）傳之寖廣，文理次序亦頗不同，多有舛謬。
>
> 惟龍圖陸公之孫思誠所藏家本爲眞，此乃仙翁親授之本也。〔註21〕

「疑其初成未經裁益時，已有傳之者」，陸思誠的這句話頗耐人尋味。易言之，如果陸思誠的懷疑無誤的話，表示《悟眞篇》在初成還沒定稿時，張伯端已經將它傳授給門人弟子。此處即牽涉到《悟眞篇》有無「定本」與「別本」的問題。

在「法脈傳人」一文之「馬默一系」中，筆者引用陸思誠《悟眞篇記》與《歷世眞仙體道通鑒・卷四十九・張用成》的資料，說明張伯端曾將《悟眞篇》交給馬處厚，希望馬氏能流布此書。這說明此傳給馬氏對外流佈的本子應該可能就是張伯端最後審定的《悟眞篇》版本。而陸思誠所見的其他版本，應該就是張伯端尚未作最後審定前（《悟眞篇》在初成還沒定稿時），傳授給門人弟子的版本。所以我們可以合理的推測：張伯端最後審定的《悟眞篇》版本（即傳給馬氏對外流佈的本子），應該就是《悟眞篇》的「定本」；而陸思誠當時所見的其他版本可能就是定本以外所存在的眾多《悟眞篇》「別本」之一。換言之，就是因爲當時《悟眞篇》有眾多別本流傳，所以陸思誠才要特意地強調「此書（《悟眞篇》）傳之寖廣，獨吾家之本爲眞。蓋平叔之所親授者」。易言之，陸思誠強調自己手上的版本（我們通稱它爲「陸氏家傳本」）才是張伯端親傳的版本。此處強調在當時眾多《悟眞篇》「別本」充斥中，自己才是《悟眞篇》傳授體系中居於正統親傳的正宗地位。

既然《悟眞篇》有「定本」與「別本」的區別，接下來，我們要問：「定本」與「別本」的差別在哪裡？關於這個問題，根據現存的資料記載（陸思誠《悟眞篇記》），答案是：

> 亦嘗參較其舛誤二十餘處，而尤甚者，如詩所謂：「纔見芽生須急採，若逢望遠不堪嘗。」此本乃改云：「鉛見癸生須急採，金逢望後不堪嘗。」蓋補完丹訣於其間，顯見世之所傳，辭旨有所未善也。其別本復有「了悟眞如」一絕，此乃以歐冶鑄劍之事易去之，緣平叔自爲《悟眞篇・後序》曰：「此《悟眞篇》中所歌詠大丹藥物、火候細微之訣，無不備悉，觀之可以尋文解義。」苟無是詩，則變鍊金木之妙，何從而得之？其文簡而理隱，故出此篇以繼成其

〔註21〕《紫陽眞人悟眞篇注疏・序》，《道藏》（三家本），第二冊，頁912中。

事。然後金木還返之旨，煥然可推，大丹既成而聖胎可結也。〔註22〕

　　陸思誠提出《悟眞篇》「別本」較之於「定本」，有「辭旨有所未善」與「文簡而理隱」等的缺點。此《悟眞篇》「別本」所指爲何？「別本」者，即「定本」之外的版本。易言之，陸思誠當時所見的有別於「定本」（陸氏家傳本）之外的所有版本，皆可稱爲「別本」。而這個「別本」應該就是類似於（筆者此處僅說類似於，並沒有說等同於）後來翁葆光所見與批評的「葉文叔注解《悟眞篇》」（《悟眞篇》外傳）的這種版本。〔註23〕

　　《紫陽眞人悟眞篇注疏‧（翁葆光）序》：「今之學者，多取傍門非類而證之。或以天庭至寶、玉壺圭丹、混元胎之類，妄亂穿鑿，終莫際其深根固蒂之要。又有葉文叔者，以太極、大衍之數釋而辨之，復撰爲圖，附於卷末，謂之《悟眞篇》外傳，此乃簾瞻幕影，定馬爲乾，非惟紊亂眞經，致使學者爲之惑誤。仙翁有言曰：靡肯自思己錯，却將錯路教人。誤他永世在迷津，似恁欺心安忍？其文叔之謂乎？殊不知金丹一粒，即太極之一氣。聖人假借二八之物，擒此一氣於一時中，變成一粒。殊不出一時辰中，餌之立超聖地。故仙翁曰：一時辰內管丹成。又曰：一粒靈丹吞入腹，方知我命不由天。豈虛語哉！文叔不達斯理，反以一時爲非止一時，若以非止用一時而言之，是非三年必九載矣，豈爲至簡至易？而仙翁何故有：都來片餉工夫，永保無窮逸樂之語耶？又以一粒爲一日，以爲有一日之丹，妄引眞一子日食一粒之語爲證，尤不曉眞一子之意

〔註22〕《紫陽眞人悟眞篇三注‧序》，《道藏》（三家本），第二冊，頁969上中。

〔註23〕《紫陽眞人悟眞篇注疏‧（翁葆光）序》：「顧後（《悟眞篇》）傳之寖廣，文理次序亦頗不同，多有舛謬。惟龍圖陸公之孫思誠所藏家本爲眞，此乃仙翁親授之本也。思誠亦自序其所得之詳於卷末矣。余（翁葆光）因遊洞庭，得斯眞本，改而正之，始悟仙翁所作之意，次序篇章莫不取金丹之法象也。其文雖約，而妙理該著。寓意雖微，而比類親切。誠爲學者之眞歸，羣經之要覽也。」（《道藏》（三家本），第二冊，頁912中）；根據此序，筆者認爲所謂「陸氏家傳本」，應該就是現存與翁葆光有關的「翁注釋本」與「翁注戴疏本」之翁注。易言之，翁葆光的《悟眞篇》注本（「翁注釋本」與「翁注戴疏本」之翁注），承繼了陸思誠的家傳《悟眞篇》注本（「陸氏家傳本」）。所以，陸思誠對《悟眞篇》「別本」的批評，翁葆光應該見過。並且，翁葆光以承繼《悟眞篇》「注本」（「陸氏家傳本」）正統自居，所以有別於「陸氏家傳本」的說法就是所謂《悟眞篇》別本」，而爲其所批評。因此像「葉文叔注解《悟眞篇》」的這種版本，就成爲翁氏所詬病與批評的對象。

也。若以日食一粒，與一日有一日之丹而推之，三年九載必三千有
餘粒矣，豈仙翁獨以一粒之語而誑人乎？舉此兩端，足知文叔不得
金丹之術明矣。是以妄亂箋註，訛謬非一，抑不知太極大衍之數，
其實運火之託象，似是而非也。若以託象求金丹之至道，是描龍致
雨、畫餅充飢，不亦難乎？余固不才，幸踵仙翁之顏鑄，既承眞陰，
寅夕不忘，安忍緘默，坐視紅紫亂朱，而不能廣仙翁之意，辭而闢
之，以級（救）將來，而袪未悟者耶？是以不懼天譴，直泄天機，
課解眞文，謹依仙翁之祕旨。」〔註24〕

　　《紫陽眞人悟眞篇注疏‧卷三》（翁葆光）曰：「陸思誠作《悟
眞篇‧後序》云：以此詩傳者，多謬以鉛爲若字，以金爲如字，甚
失仙翁旨意。鉛與金即金丹也。陸公發其端，救魯魚之失；祕其源，
懼竹帛之傳。吾儕親授師旨，當自知之。如或不然，空玄之中，去
地五丈。泰米之珠，未易得也。奈何紛紛傍門，以圭丹爲鉛金，在
天癸時採取，眞同兒戲。又有坤納癸之說，如葉文叔者，可付之一
笑。」〔註25〕

　　翁葆光以承繼陸思誠的家傳《悟眞篇》注本（「陸氏家傳本」）正統自居。
並認爲陸思誠的「陸氏家傳本」，解救了當時《悟眞篇》注本文字傳寫訛誤的
過失（救魯魚之失）。又葉文叔以「太極、大衍之數」（《周易》太極之理與大
衍之數）來註解《悟眞篇》，又將此太極、大衍之數所註解的內容撰爲圖，附
於卷末，謂之《悟眞篇》外傳。翁氏批評其註解爲「簾瞻幕影」（隔著竹簾觀
看，只見帷幕的影子。比喻未能清晰、精準的說明事物之理而有所隔閡），並
認爲葉文叔對《悟眞篇》的註解不但犯了「紊亂眞經」的過錯，更導致後來
的學者產生惑誤的情形。翁氏又舉了兩個例子（金丹一粒與片餉丹成）來說
明葉文叔不懂金丹之理與未得金丹之術。所以翁氏總結地認爲葉文叔的《悟
眞篇》註解是「妄亂箋註，訛謬非一」！

　　總之，所謂《悟眞篇》的「定本」，就是陸思誠的家傳《悟眞篇》注本（「陸
氏家傳本」），也就是後來翁葆光所承繼「陸氏家傳本」之注本。易言之，即
現存於《正統道藏》中，與翁葆光有關的「翁注釋本」與「翁注戴疏本」之
翁注。而所謂《悟眞篇》的「別本」，就是有別於「定本」（「陸氏家傳本」）

────────────────

〔註24〕《道藏》（三家本），第二冊，頁912 中〜913 上。
〔註25〕《道藏》（三家本），第二冊，頁929 下。

的所有《悟眞篇》注本（如當時的葉文叔注本與現存於《正統道藏》中之「修
眞十書本」、「三註本」及「講義本」）！〔註26〕

三、「悟眞學」的定義與成立條件

筆者曾在〈試論翁葆光《悟眞篇‧注》的內丹理論——以「煉己修性」
之法爲討論核心〉一文〔註27〕（以下簡稱：「煉己修性」一文）中，提出：
翁葆光《悟眞篇‧注》（「翁注釋本」與「翁注戴疏本」之翁注）是結合了「馬
默一系」的文本承傳與「劉永年一系」的丹法口訣傳承，可說是張伯端法脈
「三系說」中《悟眞篇‧注》的文本詮釋學之嫡傳與正宗。換言之，翁葆光
除了承傳自劉永年的丹法眞傳外，還得到龍圖公之孫陸思誠所藏家傳的《悟
眞篇》眞本。翁氏《悟眞篇‧注》就是以陸思誠的家傳本爲依據。

翁葆光的《悟眞篇‧注》之所以居於文本詮釋的正統與正宗的優先地位
之原因，除了它是結合了「馬默一系」的文本承傳與「劉永年一系」的丹法
口訣傳承外，最主要的原因是註解時間的優先性以及註解內容的權威性。

前述曾提及翁葆光《悟眞篇‧註》大約成書於南宋乾道癸巳（1173）。而
現存《悟眞篇》最早的註本，是收錄於《修眞十書‧悟眞篇》中北宋葉士表
（字文叔）的註解。葉士表註書的時間是在南宋紹興31年（1161）。前述亦提
及翁葆光曾經對葉士表（文叔）註解《悟眞篇》的情形作出批判，認爲葉文
叔的《悟眞篇‧注》是：「妄亂箋註，訛謬非一」、「簾瞻幕影，定馬爲乾」以
及「非惟紊亂眞經，致使學者爲之惑誤」。易言之，雖然葉文叔的《悟眞篇‧
注》的成書時間早於翁葆光《悟眞篇‧注》，但翁氏卻認爲葉注是不通與不得
金丹之術的旁門非類註解。換言之，翁葆光此處認爲自己的《悟眞篇‧注》
才是居於正統與正宗的優先地位，在他之前的葉文叔《悟眞篇‧注》是既不

〔註26〕朱越利〈《悟眞篇》的文本與丹法〉曾云：「《悟眞篇注釋》多出的5首中有4
首正文，正文七絕64首中摻入了4首假正文，正文經後人嚴重竄改，《悟眞
篇注疏》與之同。由《悟眞篇》正文看，《道藏》中5本，《十書悟眞篇》、《悟
眞篇三注》和《悟眞篇講義》，優於《悟眞篇注疏》和《悟眞篇注釋》。」（《國
學研究》第二十一卷，2008年，頁161）；筆者認爲朱越利先生此說法是以「正
文」的內容比較來看，所做出的判斷。而筆者所謂「定本」與「別本」之說，
主要著重在歷史傳承的正統性地位來看。所以兩者說法並不衝突。再者，《悟
眞篇注疏》和《悟眞篇注釋》二書內容曾遭後人竄改，所以光從正文內容的
優劣，是無法撼動歷史傳承的正統性地位這個說法！
〔註27〕載於：《成大宗教與文化學報》第20期，2013年12月，頁85～110。

正統又不正宗的「妄亂穿鑿」、「錯路教人」，引人入迷津之註解。

也就是說，因爲早於翁葆光《悟眞篇·註》的葉文註解，被翁氏破斥爲「妄亂、訛謬」的旁門非類註解。所以，翁葆光的《悟眞篇·注》取得了《悟眞篇》註解的正統與正宗地位而得到註解時間的優先性（排除了葉文叔《悟眞篇·注》）以及註解內容的權威性（承繼「陸氏家傳本」之注本而居於文本詮釋的正統與正宗的優先地位）。

1、「悟眞學」的定義

所以，我們可以使用「歷來《悟眞篇》註解的文本詮釋學」之嫡傳與正宗來形容翁葆光《悟眞篇·注》（「翁注釋本」與「翁注戴疏本」之翁注）的地位。易言之，翁葆光的《悟眞篇·注》在「歷來《悟眞篇》的注疏、解讀與思想詮釋的專門學問」中是居於文本詮釋之正統與正宗的優先地位。

關於「歷來《悟眞篇》註解的文本詮釋學」這句話，筆者認爲可以試著使用「悟眞學」這個詞來替換。因爲所謂的「悟眞學」，就是對歷來《悟眞篇》所作的註解，所形成的一套註解詮釋學說。易言之，所謂「悟眞學」，是關於歷來《悟眞篇》的注疏、解讀與思想詮釋的專門學問。這套學說類似於中國思想史中的「老子學」、「莊子學」、「易學」等，所表現的註解形式以及所形成的文化類型模式。「悟眞學」更接近或者說就類同於「參同學」〔註28〕（關

〔註28〕「參同學」一詞，最早由孟乃昌先生所提出。其《萬古丹經王《周易參同契》三十四家注釋集萃·自序》云：「《周易參同契》在中國乃至世界文化史上都佔有一席地位。它以《周易》在兩漢時代的表現形式，以氣功的開創性理論闡釋，以化學的原始原理建樹，以三者的巧妙結合，在文化史上發揮著別具一格而又不容忽視的文獻源頭作用。大思想家周敦頤、朱熹、王夫之都非常關心和重視《周易參同契》，更有許多各層次的名人或非名人認眞地注釋它。自北宋以來，它被煉丹家高先或張伯端稱爲『萬古丹經王』，即受到一致公認。朱熹通過反復研讀、討論和注解，得出了此書『詞韻皆古，奧雅難通』的認識。於是，這部語言優美、內容晦澀的文化典籍吸引了更多的讀者和注解者，像滾雪球一般不斷擴展、開發、層積了它的豐厚內容和內涵，蔚然而形成了一門『參同學』，給現代各國學者和無數讀者提供了關心、鑽研、探討的一個獨特領域。」（北京：華夏出版社，1993年9月，頁1）；此外，曾傳輝《元代參同學——以俞琰、陳致虛爲例·內容提要》中亦對「參同學」一詞作出說明。其云：「《周易參同契》……各朝各代的文人學士爲之作注的不下百餘家，現存的有四十餘家，其中有代表性的約有二十多家，有關論文更是難以統計。這些文獻有的側重易學，有的側重外丹術，有的側重內丹術，有的側重學術史，都代表了所在歷史時期和學派教派的特色，匯成了一個規模可觀的學術系統，我們稱這個系統爲『參同學』。近年來，老學和莊學的研究日漸

於歷來《周易參同契》的注疏、解讀與思想詮釋的專門學問）所表現的註解形式以及所形成的文本詮釋學。〔註29〕

2、「悟眞學」的成立條件

曾傳輝《元代參同學——以俞琰、陳致虛爲例》中曾提出「參同學」成立的三大要素。其云：「一是獨特的內容，即兩漢易學的表述、氣功（內丹）的開創性理論和化學（外丹）的原始理論；二是從古至今未曾間斷的深厚的內涵層積；三是重要的文獻源頭。」〔註30〕

筆者認爲，既然「參同學」可以提出成立的三大要素，同理，「悟眞學」亦可以提出成立的條件。前述曾提及今《正統道藏》中收錄《悟眞篇》注釋版本有五種（「修眞十書本」、「翁注釋本」、「翁注戴疏本」、「三註本」及「講義本」）。此外，《藏外道書》則收錄有另外五種注本。其書目如下：

（a）明・陸西星《悟眞篇（詩小序）》一卷〔註31〕

（b）明・彭好古解《悟眞篇》一卷〔註32〕

（c）清・劉一明《悟眞直指》四卷〔註33〕

（d）清・陶素耜《悟眞篇約註》三卷〔註34〕

（e）清・傅金銓《頂批三注悟眞篇》三卷〔註35〕

另外，《正統道藏》與《藏外道書》未收錄的《悟眞篇》注釋版本。有代表性的尙有：

（f）明・李文燭《悟眞篇直注》〔註36〕

隆盛，碩果頻結，這在很多方面都刷新了我們的國學知識。我們預期，對『參同學』研究的重視和投入必將會取得相同的效果。」（北京：宗教文化出版社，2004年9月，頁1）。

〔註29〕董沛文〈《悟眞抉要》序〉云：「讀曾傳輝博士《元代參同學》一書，是研究《周易參同契》的專著，提出以《參同學》所匯集而成的學術系統稱爲『參同學』。今由周全彬君、盛克琦君攜手完成的《悟眞抉要》的出版，將掀起《悟眞篇》研究之風潮乎？抑或將來學術界也形成一門『悟眞學』乎？」（董沛文主編、周全彬、盛克琦編校《悟眞抉要——道教經典《悟眞篇》注解集成・上》，北京：宗教文化出版社，2010年12月，頁5）。

〔註30〕北京：宗教文化出版社，2004年9月，頁36。

〔註31〕載於：《方壺外史》，《藏外道書》五冊，頁318上～337上。

〔註32〕載於：《道言內外秘訣全書》，《藏外道書》六冊，頁319上～353下。

〔註33〕載於：《道書十二種》，《藏外道書》八冊，頁327上～402上。

〔註34〕載於：《眞仙上乘》，《藏外道書》十冊，頁66上～124上。

〔註35〕載於：《濟一子頂批道書四種》，《藏外道書》十一冊，頁790上～859下。

〔註36〕載於：《李文燭道書四種》，香港：心一堂有限公司，2013年10月，頁29～107。

（g）明‧甄淑《悟眞篇翼注》〔註37〕

（h）清‧仇兆鰲《悟眞篇集注》〔註38〕

（i）清‧朱元育《悟眞篇闡幽》〔註39〕

（j）清‧董德寧《悟眞篇正義》〔註40〕

以上收入於《正統道藏》與《藏外道書》中的《悟眞篇》注釋版本共有十種，《正統道藏》與《藏外道書》未收錄有代表性的《悟眞篇》注釋版本又有五種，加總起來共有十五種《悟眞篇》注釋版本。這十五種注釋版本的時代從宋元至明清。我們可以說這十五種注釋版本的《悟眞篇》形成一套註解詮釋學說。換言之，時代從宋元至明清之這十五種注釋版本的《悟眞篇》（歷來《悟眞篇》的注疏、解讀與思想詮釋）形成一項專門學問。這套學問就是所謂的「悟眞學」。易言之，從宋元至明清這十五種注釋版本的《悟眞篇》之注疏、解讀與思想詮釋，就是「悟眞學」成立的最主要條件。

四、結　論

筆者在「現存南宋金元時期《悟眞篇》註本分析」中，首先依據《正統道藏》（三家本）中所收錄《悟眞篇》五種注釋版本（「修眞十書本」、「翁注釋本」、「翁注戴疏本」、「三註本」及「講義本」）進行結構概述並完成結構列表工作以及五種注本之結構內容差異概略分析。接著，論述《悟眞篇》有無「定本」與「別本」的問題。並定義了何謂「定本」及「別本」：所謂《悟眞篇》的「定本」，就是陸思誠的家傳《悟眞篇》注本（「陸氏家傳本」），也就是後來翁葆光所承繼「陸氏家傳本」之注本。易言之，即現存於《正統道藏》中，與翁葆光有關的「翁注釋本」與「翁注戴疏本」之翁注。而所謂《悟眞篇》的「別本」，就是有別於「定本」（「陸氏家傳本」）的所有《悟眞篇》注本（如當時的葉文叔注本與現存於《正統道藏》中之「修眞十書本」、「三註本」及「講義本」）！

在「悟眞學的提出與定義」中，筆者首先敘述「悟眞學」的定義：所謂的「悟眞學」，就是對歷來《悟眞篇》所作的註解，所形成的一套註解詮釋學

〔註37〕載於：清‧仇兆鰲《悟眞篇集注》，台北：自由出版社，1999年4月。

〔註38〕台北：自由出版社，1999年4月。

〔註39〕台北：自由出版社，1998年1月。

〔註40〕台北：自由出版社，2002年1月。

說。易言之，所謂「悟眞學」，是關於歷來《悟眞篇》的注疏、解讀與思想詮釋的專門學問。接著，敘述「悟眞學」成立的條件：從宋元至明清有代表性之十五種注釋版本的《悟眞篇》注疏、解讀與思想詮釋，就是「悟眞學」成立的最主要條件。

引用資料

1. 翁葆光註、陳達靈傳、戴起宗疏《紫陽眞人悟眞篇注疏》《道藏》（三家本），第二冊，上海書店，1994 年。

2. 翁葆光，《紫陽眞人悟眞直指詳說三乘秘要》《道藏》（三家本），第二冊。

3. 陸彥孚〈悟眞篇記〉，收錄於：《紫陽眞人悟眞篇三注序》《道藏》（三家本），第二冊。

4. 〈悟眞篇本末事蹟・張眞人本末〉，收錄於：《紫陽眞人悟眞直指詳說三乘秘要》《道藏》（三家本），第二冊。

5. 〈薛紫賢事蹟〉《紫陽眞人悟眞直指詳說三乘秘要》《道藏》（三家本），第二冊。

6. 薛道光、陸墅、陳致虛註《紫陽眞人悟眞篇三注》《道藏》（三家本），第二冊。

7. 翁葆光《悟眞篇注釋》《道藏》（三家本），第三冊。

8. 夏元鼎《紫陽眞人悟眞篇講義》《道藏》（三家本），第三冊。

9. 《修眞十書・悟眞篇》《道藏》（三家本），第四冊。

10. 《玉谿子丹經指要》，《道藏》（三家本），第四冊。

11. 陸西星《悟眞篇（詩小序）》，載於：《方壺外史》，《藏外道書》五冊，巴蜀書社，1994 年 12 月。

12. 明彭好古解《悟眞篇》，載於：《道言內外秘訣全書》，《藏外道書》六冊。

13. 清劉一明《悟眞直指》，載於：《道書十二種》，《藏外道書》八冊。

14. 清陶素耜《悟眞篇約註》，載於：《眞仙上乘》，《藏外道書》十冊。

15. 清傅金銓《頂批三注悟眞篇》，載於：《濟一子頂批道書四種》，《藏外道書》十一冊。

16. 明・甄淑《悟眞篇翼注》，載於：清・仇兆鰲《悟眞篇集注》，台北：自由出版社，1999 年 4 月 1999 年 4 月。

17. 清・朱元育《悟眞篇闡幽》台北：自由出版社，1998 年 1 月。

18. 清・仇兆鰲《悟眞篇集註》台北：自由出版社，1999 年 4 月。

19. 清・董德寧《悟眞篇正義》台北：自由出版社，2002 年 1 月。

20. 明‧李文燭《悟真篇直注》載於：《李文燭道書四種》，香港：心一堂有限公司，2013 年 10 月。

21. 任繼愈主編《道藏提要》，北京：中國社會科學出版社，1991 年 7 月。

22. 柳存仁〈張伯端與悟真篇〉，收載於：《和風堂文集‧中冊》，上海古籍出版社，1991 年 10 月，頁 786～808。

23. 孟乃昌《萬古丹經王《周易參同契》三十四家注釋集萃》，北京：華夏出版社，1993 年 9 月。

24. 潘雨廷《道藏書目提要》，上海古籍出版社，2003 年 12 月。

25. 曾傳輝《元代參同學——以俞琰、陳致虛為例》，北京：宗教文化出版社，2004 年 9 月。

26. 董沛文主編、周全彬、盛克琦編校《悟真抉要——道教經典《悟真篇》注解集成‧上》，北京：宗教文化出版社，2010 年 12 月。

27. 楊立華〈《悟真篇》薛注考〉，《世界宗教研究》2000 年第 2 期，頁 86～93。

28. 王家忠〈白玉蟾與金丹派南宗〉，《海南師範學院學報（人文社會科學版）》，2002 年第 2 期。

29. 朱越利〈《悟真篇》的文本與丹法〉《國學研究》第二十一卷，2008 年，頁 157～194。

30. 段致成《道教丹道易學研究—以《周易參同契》與《悟真篇》為核心的開展》國立臺灣師範大學國文所博士論文，2005 年 7 月。

31. 段致成〈試論張伯端法脈傳人與「南宗」法脈的定義〉，《成大宗教與文化學報》第 19 期，2012 年 12 月，頁 23～56。

32. 段致成〈試論翁葆光《悟真篇‧注》的內丹理論——以「煉己修性」之法為討論核心〉，《成大宗教與文化學報》第 20 期，2013 年 12 月，頁 85～110。

參、試論翁葆光《悟眞篇・注》的內丹理論──以「煉己修性」之法爲討論核心

一、前 言

　　翁葆光，字淵明，號無名子，象川人，生平事跡不詳。按其著述《紫陽眞人悟眞篇注疏・序》的記載，其大約活躍於北宋末南宋初之間。〔註1〕根據淳熙甲午（1174）陳達靈《悟眞篇註序》的記載，翁葆光師承自劉永年。〔註2〕

〔註1〕 翁葆光《悟眞篇註・序》曰：「時皇宋乾道癸巳（1173）中秋，象川無名子翁葆光謹序。」（《紫陽眞人悟眞篇注疏・序》，《道藏》（三家本），第二冊，頁913中）。

〔註2〕 陳達靈《悟眞篇註序》云：「悟眞仙翁聞道於青城之上，餌丹於荊湖之間。一傳而廣益子出焉，再傳而無名子出焉。」《紫陽眞人悟眞篇注疏・序》（《道藏》（三家本），第二冊，頁911中）；按：陳達靈《悟眞篇註序》中自言撰序的時間爲「淳熙甲子」（《紫陽眞人悟眞篇注疏・序》，《道藏》（三家本），第二冊，頁911中），據柳存仁先生的考證：「淳熙有甲午（1174）及甲辰（1184），而無甲子。度陳《序》實指淳熙改元，及甲午年也。」（《張伯端與悟眞篇》，《和風堂文集・中冊》，上海古籍，1991年10月，頁790）。易言之，陳達靈《悟眞篇註序》應該撰於淳熙甲午（1174）。另外，龍眉子《金液還丹印證圖・後識》亦說明翁葆光師承自劉永年，其曰：「余師若一子嘗曰：曾聞我師無名子翁先生云：『吾師乃廣益順理子劉眞人，祖偕悟眞仙翁，肆業辟庸，惟翁不第，凤植靈根，學道道遂。後因念其同舍之有孫，時在紹興戊午，劉遇悟眞得其道。願力不能成，遂刊彭眞人《參同契》義疏。隱於市朝，方便接引。既諧同志，乾道戊己歲，成道於虎丘山之下。叨竊仙恩，誤蒙眞陰，紹興中，

劉永年即爲張伯端法脈「三系說」之一的陰陽雙修法傳人。〔註3〕翁葆光之所以值得注意，原因在其註解過《悟眞篇》〔註4〕，並且對於《悟眞篇》雙修派的理論完善與發展產生了很大的作用力與影響力。〔註5〕另外，更重要的是：翁葆光《悟眞篇‧注》是結合了「馬默一系」的文本承傳與「劉永年一系」的丹法口訣傳承，可說是張伯端法脈「三系說」中《悟眞篇‧注》的文本詮釋學之嫡傳與正宗。〔註6〕

於湔江跨浦橋，承眞人之顏陶鑄。』」（《道藏》（三家本），第三冊，頁109上中）。《金液還丹印證圖》大約成書於南宋嘉定戊寅（1218），《金液還丹印證圖‧并序》中有云：「宋嘉定戊寅仲冬元日，龍眉子敘。」（《道藏》（三家本），第三冊，頁103中）。

〔註3〕張伯端南宗法脈傳人，如果以流傳或註解《悟眞篇》爲基準，可分成「三系說」，即：「馬默一系」、「石泰一系」及「劉永年一系」。馬默一系，主要對《悟眞篇》的文獻保存與流傳，發揮很大的作用與影響力。石泰一系，公認爲張伯端的嫡傳正宗法脈。其中薛道光與陳致虛先後註解過《悟眞篇》傳世。劉永年一系，爲張伯端法脈的別傳，其中翁葆光對《悟眞篇》作出陰陽雙修的詮釋。詳細的論述見於拙著：〈試論張伯端法脈傳人與「南宗」法脈的定義〉一文中的論述與探討（《成大宗教與文化學報》第19期，2012年12月，頁23～56）。

〔註4〕現存翁葆光註解《悟眞篇》的著作有：（a）宋翁葆光註、陳達靈傳、元戴起宗疏《紫陽眞人悟眞篇註疏》八卷（《道藏》（三家本），第二冊，頁910～968）；（b）宋翁葆光註《悟眞篇注釋》三卷（《道藏》（三家本），第三冊，頁1～32）。

〔註5〕卿希泰著《續‧中國道教史史綱‧第一章》曰：「劉永年而下，其徒翁葆光將張伯端悟眞之學弘揚光大，對於該派的理論之完善與發展起了較大的作用，值得關注。」（四川人民出版社，1999年8月，頁116）；郝勤《龍虎丹道——道教內丹術‧五、雙修丹法》云：「內丹雙修正式露面立派，始於南宗道士劉永年，發揚於翁葆光。……翁葆光是闡明和發揚內丹雙修法訣的主要人物。……（翁葆光）他首先運用陰陽雙修法訣來注解詮釋《悟眞篇》，從而開闢了張伯端《悟眞篇》陰陽雙修的研究習煉系統。」（四川人民出版社，1994年7月，頁258～259）；趙立綱主編《歷代名道傳‧內丹派南宗首祖張伯端》曰：「南宗雙修一系，正式建立旗號的是宋代的劉永年，而眞正的奠基者則是南宋的翁葆光。……南宗內丹雙修派的奠基者翁葆光，首先運用陰陽雙修法來注解詮釋《悟眞篇》，從而開闢了《悟眞篇》陰陽雙修的研究習煉系統。」（山東人民出版社，1996年1月，頁468）；黃紅兵〈翁葆光的《悟眞篇注》思想及其影響〉云：「可以說翁氏（翁葆光）的注（《悟眞篇‧注》）涉及或解決了內丹學上諸多疑難點。事實上，翁葆光對《悟眞篇》的注解也是南宋最爲深刻和系統、對當時和後世影響最大。……元明清諸注家，基本上是在翁葆光的《悟眞篇注》的基礎上加以補充和完善。」（《宗教學研究》，2011年第3期，頁57）。

〔註6〕翁葆光除了承傳自劉永年的丹法眞傳外，還得到龍圖公之孫陸思誠所藏家傳的《悟眞篇》眞本。翁氏《悟眞篇‧注》就是以陸思誠的家傳本爲依據。易

　　此外，由於張伯端《悟眞篇》的內容性質是「詳言命功，略言性功以及闕言命功修煉前之性功」（「首尾未明，機關尙隱」）〔註7〕，所以爲《悟眞篇》註解的翁葆光（《悟眞篇・注》）自然也承繼或因襲這項特質，即有意或無意地隱藏或缺漏了這個「命功修煉前之性功」（即：煉己修性之法）。易言之，翁葆光《悟眞篇・注》對於「煉己修性」之法的敘述是語焉不詳或闕而弗錄的！所以，筆者本文將作補苴罅漏的工作，即是對這個「煉己修性」之法作還原及補充！

　　其次，之所以迫切的需要還原與補充這個「煉己修性」之法的最重要原

言之，對於《悟眞篇》的丹法詮釋來說，翁葆光《悟眞篇・注》結合了「馬默一系」的文本承傳與「劉永年一系」的丹法口訣傳承。翁葆光《紫陽眞人悟眞篇注疏・序》曰：「顧後傳之寖廣，文理次序亦頗不同，多有舛謬，唯龍圖陸公之孫思誠，所藏家本爲眞，此乃仙翁親授之本也，思誠亦自序其所得之詳於卷末矣。余因遊於洞庭，得斯眞本，改而正之，始悟仙翁所作之意，次序篇章莫不取金丹之法象也。其文雖約而妙理該著，寓意雖微而比類親切，誠爲學者之眞歸，群經之要覽也。」（《道藏》（三家本），第二冊，頁 912 中）；另外，關於「馬默一系」的承傳情形，詳細的內容見於拙著：〈試論張伯端法脈傳人與「南宗」法脈的定義〉一文中的論述與探討（《成大宗教與文化學報》第 19 期，2012 年 12 月，頁 31～33）。

〔註7〕《玉清金笥青華秘文金寶內煉丹訣・卷上・金丹圖論序》云：「吾自識金丹秘訣之後，累獲罪於天而不自悛。又爲玄書，幷《悟眞篇》等行於世，自心爲至矣。忽有客至訪，余惟其狀貌非凡，靜肅待之。或問曰：『子於金丹之道，訓人亦至矣。但首尾未明，機關尙隱，後學何以爲識？』」（《道藏》（三家本），第四冊，頁 362 下～363 上），此處是說明張伯端著《青華秘文》的目的是爲了彌補《悟眞篇》之「首尾未明，機關尙隱」的缺點。此段文獻正好可以用來說明《悟眞篇》內容性質的特色是：「首尾未明，機關尙隱」（詳言命功，略言性功以及闕言命功修煉前之性功）！至於《玉清金笥青華秘文金寶內煉丹訣》（簡稱《青華秘文》）一書的作者是否爲張伯端的問題，即關於《青華秘文》作者問題的討論，請見於：（1）卿希泰主編的《中國道教史・第二卷・第七章・第六節》（四川人民出版社，1996 年，頁 760～762）；（2）朱越利〈《悟眞篇》的文本與丹法〉（《國學研究》第二十一卷，2008 年，頁 173～174）；（3）拙著《道教丹道易學研究——以《周易參同契》與《悟眞篇》爲核心的開展》〈第五章　張伯端《悟眞篇》與《周易參同契》的關係・第一節　張伯端的生平事蹟及著作的內容結構〉（國立臺灣師範大學國文所博士論文，2005 年 7 月，頁 126～127）；此外，從《悟眞篇》內容結構的排列順序以及《紫陽眞人悟眞篇拾遺》的說法來看，《悟眞篇》的內丹理論是強調「性命雙修」，而在次序上則是屬於「先命後性」（先命功、後性功）的性質。（詳細的論述見於：拙著《道教丹道易學研究——以《周易參同契》與《悟眞篇》爲核心的開展》〈第七章　張伯端的丹道易學思想・第一節　性命雙修的內丹思想〉（國立臺灣師範大學國文所博士論文，2005 年 7 月，頁 191～195，201～203）。

因是：這個「煉己修性」之法，關係到內丹修煉中如何盜奪「先天眞一之氣」
與「玄關開竅」的問題。換言之，如果不先論述這個「命功修煉前之性功」，
將無法順利過渡到之後金丹理論中之「先天一氣」與「玄關開竅」等重大命
題。也就是說，必須先釐清這個「煉己修性」之法，才能完整及全面地關照
到整個金丹修煉的過程（這個過程包括：煉己修性、玄關開竅以及盜奪先天
眞一之氣等三項內容。文獻證據後文會論述）。

最後，筆者發現翁葆光《悟眞篇・注》是使用「內丹隱語：《陰符經》式
的藏詞」，來論述所含蘊的煉己修性之法。易言之，這個「煉己修性」之法即
以「隱語藏詞」的方式寄寓於翁葆光《悟眞篇・注》中。所以，筆者將使用
兩個方式來還原及補充這個「煉己修性」之法，即：（1）利用歷來的《悟眞
篇》註解：關於「煉己修性」之法的文獻內容，（2）其他（歷來《悟眞篇》
註解文句以外）的內丹文獻資料。經過這兩個文獻杷梳與補充的工作後，本
文將得出這個煉己修性之法的具體操作方法即是：「心息相依」！

二、翁葆光內丹理論：煉己修性

前述曾提到既然對於《悟眞篇》的丹法詮釋來說，翁葆光的《悟眞篇・注》
是結合了「馬默一系」的文本承傳與「劉永年一系」的丹法口訣傳承。所以，
我們可以使用「歷來《悟眞篇》註解的文本詮釋學」〔註8〕之嫡傳與正宗來形
容翁葆光《悟眞篇・注》的地位。易言之，翁葆光的《悟眞篇・注》在「歷來
《悟眞篇》的注疏、解讀與思想詮釋的專門學問」（簡稱「悟眞學」）中是居於
文本詮釋之正統與正宗的優先地位。〔註9〕那麼翁氏的內丹陰陽雙修理論，自

〔註8〕關於「歷來《悟眞篇》註解的文本詮釋學」這個詞，我們可以試著使用「悟
眞學」這個詞來替換。因爲所謂的「悟眞學」，就是對歷來《悟眞篇》所作的
註解，所形成的一套註解詮釋學說。易言之，所謂「悟眞學」，是關於歷來《悟
眞篇》的注疏、解讀與思想詮釋的專門學問。這套學說類似於中國思想史中
的「老子學」、「莊子學」、「易學」等，所表現的註解形式以及所形成的文化
類型模式。它更接近或者說就類似於「參同學」（關於歷來《周易參同契》的
注疏、解讀與思想詮釋的專門學問）所表現的註解形式及所形成的文本詮釋
學。詳細的內容見於：拙著〈現存南宋金元時期《悟眞篇》註本分析與「悟
眞學」的提出與定義〉一文中的論述與探討。
〔註9〕翁葆光的《悟眞篇・注》之所以居於文本詮釋的正統與正宗的優先地位之原
因，除了它是結合了「馬默一系」的文本承傳與「劉永年一系」的丹法口訣
傳承外，最主要的原因是註解時間的優先性以及註解內容的權威性。翁葆光
《悟眞篇・註》大約成書於南宋乾道癸巳（1173）。翁葆光《悟眞篇註・序》

然含蘊在其對《悟眞篇》所作的註解文本（即《紫陽眞人悟眞篇注疏》之翁注與《悟眞篇注釋》）中。在《紫陽眞人悟眞篇注疏·序》中，翁葆光提出將整個《悟眞篇》的內丹修鍊理論（即金丹大旨次第或稱修丹入道之次序）分成三個階段：（1）金丹、（2）金液還丹、（3）九轉金液大還丹。〔註10〕

日：「時皇宋乾道癸巳（1173）中秋，象川無名子翁葆光謹序。」（《紫陽眞人悟眞篇注疏·序》，《道藏》（三家本），第二冊，頁913中）；而現存《悟眞篇》最早的註本，是收錄於《修眞十書·悟眞篇》中北宋葉士表（字文叔）的註解（《道藏》（三家本），第四冊，頁714上～743下）。葉士表註書的時間是在南宋紹興31年（1161），戴起宗《悟眞篇注·辨》云：「葉士表註在紹興三十一年辛巳」（《紫陽眞人悟眞直指詳說三乘秘要》，（三家本），第二冊，頁1025下）；在翁葆光《紫陽眞人悟眞篇注疏·序》中曾經對葉士表（文叔）註解《悟眞篇》的情形作出批判，認爲葉文叔的《悟眞篇·注》是：「妄亂箋註，訛謬非一」、「簾瞻幕影，定馬爲乾」以及「非惟紊亂眞經，致使學者爲之惑誤」。其云：「今之學者，多取傍門非類而證之。或以天庭至寶、玉壺圭丹、混元胎之類，妄亂穿鑿，終莫際其深根固蒂之要。又有葉文叔者，以太極大衍之數釋而辨之，復撰爲圖，附於卷末，謂之悟眞篇外傳，此乃簾瞻幕影，定馬爲乾，非惟紊亂眞經，致使學者爲之惑誤。仙翁有言曰：靡肯自思己錯，却將錯路教人。誤他永世在迷津，似恁愁心安忍？其文叔之謂乎？殊不知金丹一粒，即太極之一氣。聖人假借二八之物，擒此一氣於一時中，變成一粒。殊不出一時辰中，餌之立超聖地。故仙翁曰：一時辰內管丹成。又曰：一粒靈丹吞入腹，方知我命不由天。豈虛語語哉！文叔不達斯理，反以一時爲非止一時，若以非止用一時而言之，是非三年必九載矣，豈爲至簡至易？而仙翁何故有：都來片餉工夫，永保無窮逸樂之語耶？又以一粒爲一日，以爲有一日之丹，妄引眞一子日食一粒之語爲證，尤不曉眞一子之意也。若以日食一粒，與一日有一日之丹而推之，三年九載必三千有餘粒矣，豈仙翁獨以一粒之語而誑人乎？舉此兩端，足知文叔不得金丹之術明矣。是以妄亂箋註，訛謬非一，抑不知太極大衍之數，其實運火之託象，似是而非也。若以託象求金丹之至道，是描龍致雨、畫餅充飢，不亦難乎？」（《道藏》（三家本），第二冊，頁912中下）。

易言之，雖然葉文叔的《悟眞篇·注》的成書時間早於翁葆光《悟眞篇·注》，但翁氏卻認爲葉注是不通與不得金丹之術的旁門非類註解。換言之，翁葆光此處認爲自己的《悟眞篇·注》才是居於正統與正宗的優先地位，在他之前的葉文叔《悟眞篇·注》是既不正統又不正宗的「妄亂穿鑿」、「錯路教人」，引人入迷津之註解。

〔註10〕翁葆光《紫陽眞人悟眞篇注疏·序》曰：「夫鍊金丹大藥，先明天地未判之前，混沌無名之始氣，立爲丹基。次辨眞陰、眞陽，同類無情之物，各重八兩，立爲爐鼎。假此爐鼎之眞氣，施設法象，運動周星，誘此先天之始氣。不越半箇時辰，結成一粒，附在鼎中，大如黍米，此名金丹也。取此金丹一粒，吞歸五內，擒伏一身之精氣，猶貓捕鼠，如鶻搦鳥，不能飛走矣。然後運以陰陽之眞氣，謂之陰符、陽火，養育精氣，化成金液之質。忽尾閭有物，

　　可以看出翁氏這套內丹修鍊次序理論預設了「人是可以通過金丹修鍊而長生成仙」這個前提（命題）〔註 11〕，並且認爲金丹修鍊不僅可以成仙，還可以成就高層次的天仙。〔註 12〕從這裡可以看出翁葆光的「世界觀」（view of world）與「價值觀」（view of value）。〔註 13〕翁氏的世界觀是相信有神仙世界的存在，並且認爲人是可以通過修煉而長生成仙。翁氏的價值觀則是認定在

直衝夾脊雙關，歷歷有聲，逆上泥丸，觸上腭，顆顆降入口中，狀如雀卵，馨香甘味美，此名金液還丹也。徐徐嚥下丹田，結成聖胎，十月胎圓火足，即脫胎沐浴，化爲純陽之軀，而無飢渴寒暑之患，刀兵虎兕之不能傷，而爲陸地神仙。方始投於靜僻之地，兀兀面壁九年，以空其心，謂之抱一。九年行滿，形神自然俱妙，性命雙圓，與道合眞，變化不測矣，此名九轉金液大還丹也。」（《道藏》（三家本），第二冊，頁 913 上）。

〔註11〕翁葆光《紫陽眞人悟眞篇注疏‧卷一》曰：「夫人欲免輪迴而不墮於世網者，莫若金丹大藥，爲升天之靈梯，超凡之捷徑也。其道至簡至易，雖愚昧小人，得而行之，亦立躋聖位。」（《道藏》（三家本），第二冊，頁 916 下）；又云：「道邃功成，身超碧落，乘雲氣，御飛龍，而游乎無極，死生不變乎，已而位號眞人矣。」（同上，頁 916 上）；翁葆光《紫陽眞人悟眞直指詳說三乘秘要》曰：「人能修鍊，剝盡羣陰，而形化爲純陽之氣，則昇仙矣。」（同上，頁 1021 下）。

〔註12〕翁葆光《紫陽眞人悟眞篇注疏‧卷二》曰：「人得一粒（金丹）餌之，立躋聖地，此乃天上之甲科，天仙之大道也。」（《道藏》（三家本），第二冊，頁 921 中）。

〔註13〕「世界觀」（view of world），亦稱「宇宙觀」。人們對整個世界即對自然界、社會和人的思維的總的根本看法。世界觀包括自然觀、社會歷史觀、意識觀等方面。人生觀、道德觀、科學觀等是世界觀的具體表現。系統化、理論化的世界觀就是哲學。世界觀不同，表現爲人們在認識和改造世界時的立場、觀點和方法的不同。世界觀的基本問題是精神和物質、思維和存在的關係問題。……世界觀具有相對獨立性。任何世界觀的形成和確立都要利用先前遺留下來的現成的思想材料……世界觀是社會意識的核心。每一個時代占統治地位的世界觀，都影響和制約著當時自然科學、倫理道德、審美觀點以及一切精神文化的發展。人們認識世界和改造世界所持的態度和採用的方法最終是由世界觀決定的。（金炳華等編，《哲學大辭典（修訂本）‧下》，上海辭書，2001 年 6 月，頁 1349）；「價值觀」（view of value），在一定社會條件下，人的全部生活實踐對自我、他人和社會所產生的意義的自覺認識。與世界觀與人生觀密不可分。其核心是對人生目的的認識、對社會的態度和對生活道路的選擇。它可以是肯定的、積極的，也可以是否定的、消極的。它涵括公私觀、義利觀、榮辱觀、苦樂觀、幸福觀、美醜觀、生死觀、友誼觀、愛情觀、自由觀等等。一定的價值觀對社會的存在和發展起著重要作用，它提供動力功能、導向功能、評價功能、聚散功能和調節功能。（金炳華等編，《哲學大辭典（修訂本）‧上》，上海辭書，2001 年 6 月，頁 620）。

眾多成仙方術中以「金丹」修鍊最地道、最便捷，並判準「天仙」爲修鍊成
仙的最高層次。〔註14〕易言之，翁氏《悟眞篇·注》開宗明義即認定金丹大
道即是成就「無上無極上品天仙之法」。換言之，翁氏認定成就天仙之法，唯
一有效的方法即是金丹修鍊之術。此處即是翁氏對眾多修鍊成仙方術所提出
的判教說法，認爲無上無極上品天仙之金丹法門才是修鍊成仙之正宗。並突
顯及闡明自己所承傳的內丹修鍊次序理論是居於正統、正宗地位之意涵來（翁
氏以承傳自張伯端法脈的正統、正宗地位自居）！

　　翁葆光在「金丹」修煉這個階段，強調要先採藥，才能煉就金丹。不過，
他認爲藥物是存在於虛空之中的「先天眞一之氣」（又稱：先天眞一炁、混沌
無名之始氣、先天之始氣、混元眞一之炁、眞一之氣及先天一氣等），所以煉
金丹首要任務是盜奪先天眞一之氣。〔註15〕

〔註14〕翁葆光《悟眞篇注釋·卷上》曰：「仙有數等，陰神至靈而無形者，鬼仙也。
　　　　處世无諸疾惱而壽永者，人仙也。飛空走霧，不飢不撓，寒暑不侵，遨遊海
　　　　島，長生不死者，地仙也。形神俱妙，與道合眞，步日月无影，入金石无礙，
　　　　變化无窮，或老或少，或隱或顯，或存或亡，聚則成形，散則成氣，著龜莫
　　　　能測，鬼神莫能知者，天仙也。故陰眞君曰：若能絕慾，修胎息，移神脫殼，
　　　　入定投尸，託陰生不壞者，爲下品仙也。若授三甲符籙，太一盟威，上清三
　　　　洞經法及劍衍尸解之法得道者，並爲南官列仙，在諸洞府，爲中品之仙也。
　　　　若修金丹大藥成道者，全身沖天，乃爲无極上品天仙也。仙翁勉修眞之士，
　　　　須立慷慨特達之志，斷念絕浮華，凝神樂无爲，不羣中下之仙，當證无上无
　　　　極上品上仙也。丹有七十二品，欲學天仙，其道簡而易成者，惟有金丹至道
　　　　最端的矣。」（《道藏》（三家本），第三冊，頁 3 下～4 上）。
〔註15〕翁葆光《紫陽眞人悟眞篇注疏·序》曰：「夫鍊金丹大藥，先明天地未判之
　　　　前，混沌無名之始氣，立爲丹基。次辨眞陰、眞陽，同類無情之物，各重八
　　　　兩，立爲爐鼎。假此爐鼎之眞氣，施設法象，運動周星，誘此先天之始氣。
　　　　不越半箇時辰，結成一粒，附在鼎中，大如黍米，此名金丹也。」（《道藏》（三
　　　　家本），第二冊，頁 913 上）；翁葆光《紫陽眞人悟眞篇注疏·卷二》曰：「是
　　　　天地未分之前，混元眞一之氣，謂之無中生有。聖人以法追攝，於一箇時辰
　　　　內，結成一粒，大如黍米，號曰金丹。……眞一之氣，生於天地之先，混於
　　　　虛無之中。」（同上，頁 921 中）；翁葆光《悟眞篇注釋·卷上》曰：「恍惚
　　　　杳冥者，混元眞一之炁也，生於天地之先，不可測度。」（《道藏》（三家本），
　　　　第三冊，頁 11 中）；翁葆光《紫陽眞人悟眞篇注疏·卷八·讀周易參同契》
　　　　曰：「聖人則之，反此陰陽，逆施造化，立乾坤爲鼎器，盜先天一氣以爲丹。」
　　　　（《道藏》（三家本），第二冊，頁 961 上）；翁葆光《紫陽眞人悟眞直指詳說
　　　　三乘秘要·悟眞直指詳說》曰：「夫混沌未顯之前，虛無寂寞，無名可宗，
　　　　強名曰道。道降而生一氣，非動非靜，非濁非清，邈不可測，聖人強言，謂
　　　　之混元眞一之氣。……聖人採先天一氣爲丹。」（同上，頁 1019 中下）。

　　爲何要往虛空中去尋求藥物？那是因爲翁氏（亦是內丹學的傳統）認爲：人的一身皆爲陰質，屬於後天的層次，如果想要成就先天層次的純陽之仙，向人身（體）中去尋覓，是找不到超越的先天藥物，必須往先天虛空中去找尋。〔註16〕

　　此處翁氏強調「先天」這個詞，可以看出有回歸、逆反「宇宙論創生模式」（道→先天一氣（元炁）→陰陽→天地→萬物），從逆溯其源頭的方式，去找尋生命最原初的本質，作爲超越的依據之意涵。〔註17〕

　　接著，在金丹修煉採藥這個階段，所面臨的問題是：「如何盜奪先天眞一之氣？」翁氏認爲這個問題的先決條件在於修煉者本身必須先「煉己修性」，如此才有能力去盜奪先天之氣。爲何要先煉己修性？因爲在煉己修性中，修煉者能開啓關鍵的玄關一竅（此階段又稱「玄關開竅」）。在玄關開竅、心性清（澄）明的狀態中，才能夠開啓盜奪先天一氣之密竅機關。並運用所盜奪的先天一氣中所含蘊的「龍虎二弦之氣」，合成一粒黍米之珠。易言之，

〔註16〕翁葆光《紫陽眞人悟眞篇注疏・卷一》曰：「後天地生，有形有質者，皆非至藥。蓋形而下者，非先天之道也。」（《道藏》（三家本），第二冊，頁918下）；翁葆光《悟眞篇注釋・卷上》曰：「後天地生，滓質之物，安能化有形入於无形哉？」（《道藏》（三家本），第三冊，頁7下）；翁葆光《紫陽眞人悟眞篇注疏・卷三》曰：「有質可見者，後天地生，滓質之物類也。以其有質，故可見而不可用也。」（《道藏》（三家本），第二冊，頁931中）；翁葆光《悟眞篇注釋・卷中》曰：「修眞之士，若執此一身而修煉，无過精、炁、神三物而已。奈何三物一致，俱後天地生，純陰无陽，安能出乎天地之物外耶？……聖人知己身之炁，後天地生，乃屬陰物，難擒易失，故採先天一炁。」（《道藏》（三家本），第三冊，頁25中下）；翁葆光《紫陽眞人悟眞直指詳說三乘秘要・悟眞直指詳說》曰：「夫欲修煉者，若以金石草木之象名，萬有不同之器類，以至一身精神氣血液之屬，而爲丹質者，此皆後天地生滓質之物也。滓質之物，有形可觀，安能生有形而入於無形也哉。後天地生者也，皆不離乎天地之內，而有形者未嘗不壞，安能變化而超乎天地之外也哉。不超乎天地之外而有形者，未始不墮於陰陽生死之數者也。……是故聖人採先天一氣爲丹。」（《道藏》（三家本），第二冊，頁1019中下）。

〔註17〕翁葆光《悟眞篇注釋・卷中》曰：「聖人探斯之賾而知源，窮斯之神而知化，故能反其本、還其源，顛倒陶鎔，逆施造化，賊天地母炁爲丹。……煉形反歸於一炁，煉炁復歸於虛无，故得身與道合。」（《道藏》（三家本），第三冊，頁15中）；翁葆光《紫陽眞人悟眞直指詳說三乘秘要・悟眞直指詳說》曰：「是故聖人採先天一氣爲丹，煉形還歸於一氣，煉氣歸神，煉神合道，而歸於無形之形，故能超乎天地之外，立乎造化之表，掌握陰陽，挈提天地。陰陽生死之所變者，九（先）天一氣使之然也。」（《道藏》（三家本），第二冊，頁1019下）。

「金丹」修煉階段有兩個先決必備的條件，即：「藥物」與「鼎爐」兩項。藥物即是所盜奪的先天一氣，鼎爐則是指玄關開竅狀態中的玄關一竅（又稱玄牝）。如果沒有鼎爐，則沒有烹鍊的場域，即採取藥物後則無烹煉藥物的場所。此處類比於：如果玄關未開竅，此時修煉者心性便無法清（澄）明，如此則無從或無法去盜奪先天一氣。因此，如何開啓玄關一竅使心性清（澄）明，便是鍊金丹這個過程中的首要條件。而要達成這個首要條件的先決要件就在於：修鍊者本身必須先「煉己修性」！〔註18〕

〔註18〕關於翁葆光《悟眞篇·注》的「煉己修性」之法的內容文獻，因爲翁氏是使用《陰符經》式的「藏詞」作呈現（此內容爲本篇論文的重點與焦點所在，筆者將在本篇論文之正文作專門論述），所以在此先行略過。至於金丹修煉採藥這個階段，關於盜奪先天一氣與玄關開竅的內容文獻，即類比於「藥物」與「鼎爐」的相關文獻內容則條列如下：（1）《紫陽眞人悟眞篇注疏·序》曰：「所謂金丹之要者，以二八眞陰眞陽之物立於爐鼎，誘先天之一氣歸斯爐鼎之中，變成一粒，大如黍米，號曰太一眞氣。」（《道藏》（三家本），第二冊，頁 912 上）；又曰：「夫鍊金丹大藥，先明天地未判之前，混沌無名之始氣，立爲丹基。次辨眞陰、眞陽，同類無情之物，各重八兩，立爲爐鼎。假此爐鼎之眞氣，施設法象，運動周星，誘此先天之始氣。不越半箇時辰，結成一粒，附在鼎中，大如黍米，此名金丹也。」（同上，頁 913 上）；（2）《紫陽眞人悟眞篇注疏·卷四》曰：「金丹之道，安爐立鼎，煅鍊精華，以制魂魄，莫不取法於天地子母。……金丹以氣與類結而成之，故曰藥逢氣類方成象也。」（同上，頁 936 下）；（3）《紫陽眞人悟眞篇注疏·卷六》曰：「若欲長生，根基立玄牝，然後長生可致也。萬神莫不由此二物而生，因此二物而死。實爲天地之根，五行之祖，陰陽之蒂，萬化之基。聖人憑此而成外藥，藉此小變內丹，故得眞精。運動不停，復還黃金玉釜之室，變爲一顆靈珠明光。」（同上，頁 947 下～948 上）；（4）《紫陽眞人悟眞篇注疏·卷七》曰：「夫外藥者，金丹也。是造化在二八爐中，不出半箇時辰，立得成就。……聖人知己之眞氣，後天地生，本屬陰陽，難擒易失。乃採先天一氣，眞陰眞陽，二八同類之物，擒在一時辰內，鍊成一粒至陽之丹，號曰眞鉛。此造化在外，故曰外藥。」（同上，頁 953 下～954 上中）；（5）《紫陽眞人悟眞篇注疏·卷八·讀周易參同契》曰：「聖人則之，反此陰陽，逆施造化，立乾坤爲鼎器，盜先天一氣以爲丹。……聖人先以眞陰眞陽二物爲爐鼎，然後誘太極一氣爲丹。太極之氣，在於虛無之中，不可求測。苟不以眞陰眞陽而誘之，則不能降靈成象。」（同上，頁 961 上下）；（6）《紫陽眞人悟眞直指詳說三乘秘要·悟眞直指詳說》曰：「眞一之氣，生於天地之先，邈不可測，聖人以同類之物誘之成丹。亦猶日中有火，以陽燧引之，則得其火矣。又如月中有水，以方諸引之，則得其水矣。故煅同類之物，立爲爐鼎，號曰眞龍眞虎。」（同上，頁 1019 下）。
至於關於「玄關開竅」階段的詳細內容與如何盜奪「先天一氣」的具體方法之詳細論述，筆者此處無法詳言，因爲本篇論文所設定討論的重點在：論述金丹修煉中關於如何開啓玄關一竅使心性清（澄）明的先決要件——「煉己

1、内丹隱語：《陰符經》式的「藏詞」

在翁葆光《悟眞篇・注》中，註解《悟眞篇》絕句六十四首之「先且觀天明五賊，次須察地以安民。民安國富方求戰，戰罷方能見聖人」經文時，翁氏註解之文是以《陰符經》「三乘之法」（神仙抱一之道、富國安民之法、強兵戰勝之術）來說明「煉己修性」之法。〔註19〕易言之，翁氏是以「隱語」

修性」之法。所以，關於「玄關開竅」與「先天一氣」問題的詳細論述則見於筆者的另一篇文章：〈試論翁葆光《悟眞篇・注》的内丹理論——以「玄關開竅」與「先天一氣」爲討論核心〉一文中的論述與探討（《成大宗教與文化學報》，22 期（2015 年 12 月，頁 109～158）。

〔註19〕《陰符經》全名《黃帝陰符經》舊題爲黃帝所撰，當屬僞托。其作者與成書年代，歷來學者看法不一，莫衷一是。宋代邵雍、程頤、明朝胡應麟與民國梁啓超等認爲成書於戰國或戰國之前。清朝姚際恆及全祖望則認爲是北魏寇謙之所作。北宋朱熹則認爲是唐代李筌所作。今人余嘉錫認爲是楊羲與許謐所作。今人王明則推測此書的成書年代，約在公元 531 至 580 這段其間，作者大抵是北朝一個久經世變的隱者。（以上説法的詳細内容見於：〈試論《陰符經》及其唯物主義思想〉一文，收載於：王明《道家和道教思想研究》，北京：中國社會科學出版社，1990 年 8 月，頁 140～146）；另外，臺灣學者蕭登福先生則認爲《陰符經》應是先秦舊籍，但未言明作者爲何人。（詳細内容見於：蕭登福《黃帝陰符經今註今譯・第一章《黃帝陰符經》考證》，台北：文津出版社，1996 年 12 月，頁 26）。

關於《陰符經》的版本問題，根據任繼愈主編《道藏提要》的説法：「是經經文唐以來主要有兩種傳本，一本出於唐李筌，有三百字，分作三章。……一本出自唐張果，於三百字後多出一百餘字，不分篇章。後世傳本多依違於二者之間。」（北京：中國社會科學出版社，1991 年 7 月，頁 29）。另外，蕭登福先生《正統道藏提要（上）》亦云：「書有兩種版本，李筌注本全文僅 300字（神仙抱一演道章 104 字，富國安民演法章 93 字，強兵戰勝演術章 103 字），另一種是褚遂良抄本、張果注本 400 餘字。」（台北：文津出版社，2011 年11 月，頁 42）。至於歷來關於《陰符經》的註解版本約有數派：「或以之爲兵家權謀之書，或以之爲道家之言，或以之爲道教煉養之文，或以之爲儒家性理之説。」（卿希泰主編《中國道教史・第一卷・第四章 道教在南北朝的改造和充實》，四川人民出版社，1996 年，頁 417～418）。

此處關於《陰符經》的版本，筆者是使用李筌《黃帝陰符經疏》（《道藏》（三家本），第二冊，頁 736～746）這個版本。那是因爲李氏的《黃帝陰符經疏》向來是道教史所探討與論述的對象，亦是註解版本之道家之言與道教煉養之文的代表。（以上説法的詳細内容見於：卿希泰主編《中國道教史・第二卷・第五章》，四川人民出版社，1996 年，頁 250～259；卿希泰主編《中國道教思想史・第二卷・第十五章》，北京：人民出版社，2009 年 12 月，頁 256～277；詹石窗主編《新編中國哲學史・第三編・第五章》，北京：中國書店出版社，2002 年 2 月，頁 394～409）。

關於李筌《黃帝陰符經疏》眞僞問題的考辯，見於：（1）卿希泰《中國道教

的方式來陳述煉己修性之法，而借喻的素材則選用《陰符經》中之「三乘之法」。〔註20〕其云：

> 五賊，在天爲五星，在地爲五嶽，在人爲五常。愚謂五方，在人爲五藏，在氣爲五性。五常在物爲五音、五行、五色、五金、五穀、五果、五味是也。《陰符經》曰：天有五賊，見之者昌。人能見此，逆而修之，則宇宙在乎手，萬化生乎身也。察地之利在於安民，民爲邦本，本固邦寧而國富矣。是以聖人以身爲國，以丹爲君，以火爲臣，以精氣爲民。修丹之士，若能觀天，擒五賊逆而修之，盜陰陽而返化，則眞一之精可奪，而已（己）之陰汞立乾矣。精固氣牢，求戰必勝。是以運火無差，十月功圓，則脫胎神化爲眞人仙子，故曰戰勝方能見聖人。〔註21〕

內丹經典通常是以「隱語」的方式來說明修鍊的口訣心法。使用「隱語」的原因主要有內、外兩個功能：（1）對內的交際與凝聚功能（即隱語的交際功能帶有侷限和排他性，它只爲本集團成員服務，對內有很強的認同性和凝聚力）；（2）對外的隱蔽與防禦功能（隱語對本社群的利益、企圖、態度等具有保密性隱蔽功能，可使外界無法了解本集團的利益而免受威脅、損害，達到自衛目的）。〔註22〕

思想史綱・第二卷・第六章・第七節》（四川人民出版社，1985年，頁633～640）、（2）陳進國〈李筌《黃帝陰符經疏》的眞僞考略〉（《中國道教》2002年4期，頁28～30）、（3）卿希泰主編《中國道教思想史・第二卷・第十五章》（北京：人民出版社，2009年12月，頁256～261）。

〔註20〕關於「隱語」定義，馮利華《中古道書語言研究・第六章 道書隱語研究》曾云：「隱語是依附全民語言或地域方言系統而存在的語言變體。它是使用主體爲維護本群體的利益而通過語音、文字等手段對詞語的常規意義或搭配進行改造之後的秘密語。」（四川：巴蜀書社，2010年11月，頁174）；至於關於隱語的「類型」，馮氏又曰：「（從）語言學的視角可將隱語分爲：反切語、同音切、五音循環語、八音攝、可可語、麻雀語、諧音秘密語、析字式析字、鑲嵌、藏詞（切腳、歇後）、倒序等。修辭學方面則可分爲比喻、摹繪（摹狀）、用典、婉曲、借代等。……隱語（又可）劃分爲三類：詞語型隱語、文字型隱語和語音型隱語。……據筆者理解應是依據構成隱語的能指成分是通過被規約意義的詞語或拆分字形，或借助語音中的反切、諧音等方式來表達所指的成分。」（同上，頁174～175）。

〔註21〕翁葆光《紫陽眞人悟眞篇注疏・卷六》（《道藏》（三家本），第二冊，頁950上中）。

〔註22〕詳細內容見於：馮利華《中古道書語言研究・第六章 道書隱語研究》（四川：巴蜀書社，2010年11月，頁185）；又云：「道教教團是不同階段成員由於

　　筆者認爲此處翁氏的《悟真篇‧注》就是很典型的「隱語」（藏詞的使用）。因爲經筆者查考《陰符經》原文發現此段翁氏的《悟真篇注疏》文句，雖然引用《陰符經》的句子：「天有五賊，見之者昌。人能見此，逆而修之，則宇宙在乎手，萬化生乎身也。」但在「見之者昌」後，卻少了「五賊在心，施行于天。」這句話。〔註23〕易言之，此處翁氏雖然引用《陰符經》的辭句作爲隱語借喻的素材，但卻使用了《陰符經》式的「藏詞」。〔註24〕也就是說，翁氏此處有意識地隱藏了盜奪先天真一之氣的先決條件：「煉己修性」之法。而這個「煉己修性」之法即是所謂「煉心或修心」之法。換言之，「五賊在心，施行于天」這句話成了隱語「藏詞」，也代表所隱含的「煉己修性」之法。

　　爲何筆者會說《陰符經》「五賊在心，施行于天」這句話，代表「煉心或修心」之法？那是因爲根據《黃帝陰符經疏‧卷上‧神仙抱一演道章》疏曰的說法，李筌認爲人「心」能觀察五行生剋之道，並能明瞭五行生剋之理（法則），然後能將這些原理原則應用施行於宇宙天地之間以及萬事萬物之上。其云：「五賊者，五行之炁也。……所言賊者，害也。逆之不順，則與人生害，故曰賊也。此言陰陽之中，包含五炁，故云天有五賊。……不善用之則爲賊。又賊者，五行更相制伏，遞爲生殺，晝夜不停，亦能盜竊人之生死，萬物成敗，故言賊也。見之者昌，何也？人但能明此五行制伏之道，審陰陽興廢之源，則而行之，此爲見也。如人審五賊善能明之，則爲福德之昌盛也。又人

　　　　共同的宗教信仰而組成的集合體。隱語往往只在本團體中流傳，很少外泄。
　　　　道教中的隱語常常涉及養生方術等密術，常人對此懵然無知，而道門中人又
　　　　至爲寶秘，往往依據老師口口相授，代代相承。這種通過師徒關係來傳承宗
　　　　教文化的方式，在維護本團體的利益的同時，無疑也增加了成員之間的相互
　　　　認同，使本團體的語言構成更加純粹，更能彰顯本集團的文化特色。道書隱
　　　　語的另一個重要功能就是它的對外隱蔽，同時防禦本集團利益遭受損害。」（同
　　　　上，頁186）。
〔註23〕李筌《黃帝陰符經疏‧卷上‧神仙抱一演道章》（《道藏》（三家本），第二冊，
　　　　頁737上）。
〔註24〕黃師慶萱《修辭學‧第六章　藏詞》中說明了「藏詞」的定義，其云：「要
　　　　用的詞已見於熟悉的成語或俗語中，便把本詞藏了，只講成語俗語中另一部
　　　　份以代替本詞的，叫作『藏詞』。」（台北：三民書局，1992年9月，頁121）；
　　　　此處筆者所說《陰符經》式的「藏詞」，意思是說：以道教的信徒之角度來說，
　　　　《陰符經》是道門信眾所熟悉的經典文獻，所以以一個熟悉《陰符經》的道
　　　　門信眾來說，應該很容易發現此段翁氏的《悟真篇注疏》文句，雖然引用《陰
　　　　符經》的句子，但在「見之者昌」後，卻少了「五賊在心，施行于天。」這
　　　　句話。所以「五賊在心，施行于天」這句話，便成了隱語「藏詞」。

能知五賊藏者何也？在其心，故曰五賊在心。心既知之，故使人用心觀執五炁而行，觀逆順而不差，合天機而不失，則宇宙在乎掌中，萬物生乎身上。如此則吉無不利，與道同遊，豈不爲昌乎？」〔註25〕

「五賊」爲何在心？那是因爲五賊代表五行之炁，心能觀知五行之炁生剋變化之理，所以才稱「五賊在心」。「施行于天」，則表示天地陰陽之中包含五行之炁，人心在認知五行之炁生剋之理後，如能如理、如實地施行運用五行生剋之理於天地萬物之間（用心觀執五炁而行），如此將能達到「合天機」及「與道同遊」的功效。

很明顯地，《陰符經》「五賊在心，施行于天」這句話，即是強調「心」的觀想與認知的能力。所以這句話亦隱含了張伯端（南宗）內丹理論中「命功」修鍊前之「性功」工夫〔註26〕，即：「煉己修性」之法。只是很可惜地（或者是有意地），不管是張伯端《悟眞篇》或者是作注的翁葆光，皆使用隱語藏詞（《陰符經》式的「藏詞」）而巧妙地隱藏了這個命功修鍊前之「煉己修性」之法！〔註27〕

2、歷來的《悟真篇》註解：關於「煉己修性」之法的內容

此外，我們還可以從歷來的《悟眞篇》註解來看這個被刻意或巧妙地隱藏之「煉己修性」之法！易言之，從歷來對《悟眞篇》絕句六十四首之「先且觀天明五賊，次須察地以安民。民安國富方求戰，戰罷方能見聖人」的註解中，更可以得出此句隱含了張伯端（南宗）「命功」修鍊前之「性功」工夫，

〔註25〕李筌《黃帝陰符經疏·卷上·神仙抱一演道章》（《道藏》（三家本），第二冊，頁737中下）。

〔註26〕張伯端內丹修鍊次第理論強調「先命後性」（先命功、後性功），但在「命功修鍊前」之性功工夫與在「命功修鍊後」之性功工夫，兩者是有區別的。「命功修鍊前」之性功工夫，主要是指心、性、神三者之入手靜定煉己修性之功與控制及煉化精、氣二者的火候添加和藥物煉化的精神調御工夫；「命功修鍊後」之性功工夫，則是指臻至性命合一、雙圓的究竟本源之性。以上說法的詳細論述見於：拙著《道教丹道易學研究——以《周易參同契》與《悟眞篇》爲核心的開展》〈第七章　張伯端的丹道易學理論·第一節「性命雙修」的「內丹」思想&第二節　張伯端內丹理論與「禪宗」的關係〉（國立臺灣師範大學國文所博士論文，2005年7月，頁191～226）。

〔註27〕我們也可以換一個說法來解釋：就是因爲張伯端的《悟眞篇》丹法著重在命功的論述，因而使用「微言大義」的方式來說明性功，因此爲《悟眞篇》作註解的翁葆光很可能受到張伯端的影響，亦使用「微言大義」的方式來呈現所謂的煉己修性之法。

其云：

《紫陽眞人悟眞篇三注‧卷三‧子野（陸墅）曰》云：「天者，心也。五賊者，心中具五行之性，五行各具一性，則至相戕賊之。……能見此賊者，則心無雜念，體若太虛。……倘此心妄想不降，此身之根本不固，盜賊蜂起，精耗氣散，以此而戰，則必殞身而已。……此章正是修心鍊己築基事業。」〔註28〕

《紫陽眞人悟眞篇三注‧卷三‧上陽子（陳致虛）曰》云：「金丹之道，先須鍊己。使神全氣盛，七情不動，五賊不亂，六根淨盡，精難搖動。此謂賊不打貧家。丹道之言五賊，即眼、耳、鼻、舌、意，爲天之五賊，色、聲、香、味、觸爲世之五賊，愛、欲、貪、嗔、癡爲內之五賊。天之五賊不謹於內，則內之五賊蜂起。世之五賊不除于外，則天之五賊戕生。是以眼見色則愛起而賊精，耳聽聲則慾起而搖精，鼻聞香則貪起而耗精，口嘗味則嗔起而走精，身意遇觸則癡起而損精。五者日夜戕賊于身，其精能有幾何？精一去則神氣隨之喪矣。……鍊己者，去五賊之害，而先守精養氣，然後可以戰勝。而得先天眞一之氣。」〔註29〕

明‧陸西星《悟眞篇（詩小序）》云：「大藥之求，先資鍊己。鍊己求藥第二十二」〔註30〕

明‧彭好古解《悟眞篇》云：「其二十二言築基鍊己……天者，心也。愛慾貪嗔痴，五賊在心，以我之眼耳鼻舌意，遇世之聲色香味觸，互相攻擊，戕賊其身。一身之元陽所存，幾何能勝此賊？一身不勝而身隨之矣。聖人以身爲國，以精爲民，以五賊爲敵，以元陽爲主，以擒五賊爲求戰。其先在於觀天，以明五賊，五賊既明，則六根清淨，賊無所匿。……仙翁以戰爲喻，可見擒賊之難，而築基鍊己，其功未易易也。」〔註31〕

清‧仇兆鰲《悟眞篇集註》曰：「此章見鍊己方可求藥。……補註：此兼言鍊己求丹事。……蓋丹家盜機逆用，本欲法天之五賊。

〔註28〕《道藏》（三家本），第二冊，頁996中下。
〔註29〕同上，頁996下～997上。
〔註30〕載於：《方壺外史》，《藏外道書》五冊，頁325下。
〔註31〕載於：《道言內外秘訣全書》，《藏外道書》六冊，頁335上。

首句正是求丹主意，下句察地安民，方及築基工夫。……觀天五賊，知五行生剋之理；察地安民，行築基煉己之事。」〔註32〕

清・陶素耜《悟眞篇約注》曰：「二十二大藥之求，先資煉己。……愚按：煉己之要，首要與之相忘，色慾之念始絕；次要降伏彼心，恩愛之情可免；三要法財相濟，庶得懽悅之意；四要勤修德行，迤致神明之祐。四者具備，晨夕不息，三年純熟，對境無心，精神完固，方可入室下功，以採先天之炁，故曰民安國富方求戰也。……見臨爐採藥，必須煉己既純，身心大定，方可下手，戒輕敵嬾嬾也。」〔註33〕

清・劉一明《悟眞直指》云：「觀天者，觀吾之天性也；明五賊者，明金木水火土五行之相剋也。察地者，察吾之心地也，安民者，安精神魂魄意，各居其所也。修丹之道，莫先於煉己；煉己之要，先須觀天性。天性不昧，則五賊難瞞。次須察心地；心地清淨，則五物皆安；五物皆安，則精固、神全、魂定、魄靜、意誠。是謂國富，於是戰五賊而退群陰。陰氣化而爲陽氣，殺機變而爲生機，可以見聖人矣。聖人者，即良知良能本來之面目，又曰聖胎。……煉己必煉至於無一毫陰氣，五行混化，鑛盡金純而後已也。」〔註34〕

經由筆者對『歷來《悟眞篇》絕句六十四首之「先且觀天明五賊」句的註解文句』（以下簡稱：歷來「先且觀天明五賊」句之註解引文）之耙梳與羅列後，可以證明在命功修鍊前確實存在「煉己修性」之法。接著要問的是：這個「煉己修性」之法是什麼？易言之，這個「煉己修性」之法的具體內容爲何？

筆者認爲這個「煉己修性」之法的內容，我們可以運用前述歷來「先且觀天明五賊」句之註解引文來論述。——以翁葆光《紫陽眞人悟眞篇注疏・卷六》文獻爲主，配合《紫陽眞人悟眞篇三注・卷三・子野（陸墅）曰》、《紫陽眞人悟眞篇三注・卷三・上陽子（陳致虛）曰》、明・陸西星《悟眞篇（詩小序）》、明・彭好古解《悟眞篇》、清・仇兆鰲《悟眞篇集註》、清・陶素耜《悟眞篇約注》以及清・劉一明《悟眞直指》等文獻爲輔，來進行內容論述

〔註32〕台北：自由出版社，1999年4月，頁160～161。
〔註33〕載於：《眞仙上乘》，《藏外道書》十冊，頁96下。
〔註34〕載於：《道書十二種》，《藏外道書》八冊，頁358上下。

及還原這個「煉己修性」之法。〔註35〕

綜合上述歷來「先且觀天明五賊」句之註解引文，這個「煉己修性」之法的大致內容是：常人平時的心神思慮與精氣通常都是外放散亂，如此將造成生命能量的耗損。對治之法，首先必須先逆反地閉塞自己的眼、耳、鼻、舌、意之五根五賊，讓自己不會產生色、聲、香、味、觸之外感官感覺與愛、欲、貪、嗔、癡之內情緒反應。如此則精、氣、神三者，將不會透過五根感官及情緒思慮而耗損散失。如此蓄積久久，當神全、氣盛、精固時，此時即是七情不動、五賊不亂、心無雜念、六根清靜，身心處於定靜的狀態，此時亦即是能覺知觀悟到自己靈明的天性心地（靈覺之良知本體）之時。當自己處於這個清明覺知、澄明靈覺之良知本體顯現的境地時，此時自然而然地能免去五賊之害與覺見照知五賊之用。易言之，煉己修性之法，即是使用逆反的方式，讓靈明的本心，能不受感官情緒的干擾而能恆常的顯現照見。當能降伏妄心而後對境無心與之相忘念絕時，則能去五賊之害，讓五賊的殺機轉變爲可爲我所用的生機。〔註36〕

〔註35〕因爲翁葆光《悟眞篇‧注》是使用隱語的方式來呈現「煉己修性」之法，所以我們除了使用翁葆光《紫陽眞人悟眞篇注疏》的文獻外，還必須使用補充資料文獻來恢復及還原這個「煉己修性」之法。易言之，翁葆光《悟眞篇‧注》（有意或無意地）隱藏或缺漏了這個「煉己修性」之法，筆者本文即是作補苴蟠漏的工作——將這個「煉己修性」之法給補充和還原！清‧仇兆鰲《悟眞篇集註》曰：「《悟眞篇》中言命處多，言性處少，然亦隱括養性在內。……但恐平時無正心誠意工夫，臨時不免烹爐走鼎。故知《孟子》持志養氣之說，與丹理相爲符合。諸註大都詳命而畧性。」（台北：自由出版社，1999年4月，頁37～38）。

〔註36〕除了歷來《悟眞篇》「先且觀天明五賊」句之註解引文外，關於「煉己修性」之法，歷來有代表性且重要的內丹相關文獻還有：（1）陳致虛《周易參同契分章注‧煉己立基章　第六》曰：「對境忘心，煉己也；常靜常應，煉己也；積德就功，煉己也。苦行其事云煉，熟行其事云煉。修丹之士，必先煉己，苦行忍辱，庶得入室之時，六根大定，方使純熟，忘無可忘，迺能就事。……煉己功純，方可以煉還丹。世人既不知煉己事大，又妄行半時得藥之功，希冀功成，愚之甚也。……是洞賓云：七返還丹，在人先須煉己待時。……紫陽云：若要修成九轉，先須煉己持心。」（《藏外道書》九冊，頁230上～231上）；（2）伍沖虛《天仙正理直論‧煉己直論　第五》云：「沖虛子曰：諸聖眞皆言，最要先煉己。謂煉者，即古所謂：苦行其當行之事，曰煉；熟行其當行之事，曰煉；絕禁其不當爲之事，亦曰煉；精進勵志而求其必成，亦曰煉；割絕貪愛而不留餘愛，亦曰煉；禁止舊習而全不染習，亦曰煉。己者，即我靜中之眞性，動中之眞意，爲元神之別名也。然必先煉己者，以吾心之眞性，本以主宰乎精炁者。宰之順以生人，由此性；宰之逆以成聖，亦由此性。若不先爲勤煉，熟境難忘。焉有超脫習染，而復炁胎神哉！當未煉之先，

3、「煉己修性」之法的具體內容：心息相依

以上就是使用歷來「先且觀天明五賊」句之註解引文的補充資料文獻，來恢復及還原這個「煉己修性」之法的大致內容。但是所得出的「煉己修性」之法還是不夠細緻，有些細部的內容還是語焉不詳。比如除了閉塞五根感官外，要如何降伏外放的心思慮念而收神入靜？有何具體的操作方法嗎？這個具體方法在上述的補充資料文獻中是闕而弗錄的！所以筆者還需要運用其他（歷來《悟眞篇》註解文句以外）的內丹文獻資料來補足與論述這些具體操作方法。根據清・仇兆鰲《悟眞篇集註・悟眞篇提要七條》中的說法，這個具體操作方法即是：「心息相依」，其云：

> 《參同契》云：內以養己，安靜虛無。即太上所謂致虛守靜也。
> 欲得靜虛，須是心息相依。《節要篇》云：調鼻息以綿綿，多入少出。
> 定身心而默默，外靜內澄。一念規中，萬緣放下。此爲玉液煉形之
> 功。〔註37〕

煉己修性的目的，是要讓修煉者能覺知觀悟到自己靈明、靈覺的天性本心。易言之，即是讓自己處於清明覺知、澄明靈覺之良知本體顯現的境地。但要達至這個境地的前提是：如何讓修煉者的身心處於靜、定的狀態？在內丹修煉中則普遍採用「調息」的方法。所謂調息，就是用意識、意念去調節、

每出萬般變幻，而爲日用之神，猶且任精任炁外馳不住。古云：『未煉還丹先煉性，未修大藥先修心。』蓋爲此而言也。」（《藏外道書》五冊，頁 811 下～813 上）；（3）清・劉一明《象言破疑・卷上・煉己築基》云：「修眞之道，返還之道也。返者，我已去而又來之謂；還者，陽已失而復得之義。是於純陰之內，而返還其本來眞陽也。人自後天用事，一身純陰，先天陽氣消化迨盡，不有返還之功，何能無者而復有，失者而仍得耶？返還之功莫先於煉己築基。煉己者，煉其歷劫根塵、氣質偏性，與夫一切習染客氣，即懲忿窒慾，克己復禮之功。能懲忿窒慾，克己復禮，則無思無慮，不動不搖，根本堅固。」（《道書十二種》，《藏外道書》八冊，頁 181 上）、又《象言破疑・卷上・天良眞心》云：「煉己築基，非是強制強作、苦力用功，必要認的天良眞心，借此眞心以煉己。則黑暗之中，即有一點陽光發現，號曰眞靈。眞靈若現，是非邪正，判然分明，不爲物欲所牽，不爲塵緣所染，煉己甚易。倘認不得眞心，則邪正不分，是非罔辨，是以心制心，終是人心用事，強制強作。」（同上，頁 181 下）；（4）閔一得《棲霞山悟元子修眞辯難參證・內外五行》云：「初起修持，必須置身於虛，立心於寂，勿助勿忘。如是湛寂，無所無時，所謂但減動心，不減照心，造到不虛而虛，不寂而寂，然後專一體認，則內所現，盡出先天。」（《藏外道書》十冊，頁 269 下）。

〔註37〕台北：自由出版社，1999 年 4 月，頁 45。

控制、鍛鍊呼吸，使其細勻深長，這也就是所謂的「心息相依」。換言之，心息相依就是將意念與呼吸熟練的合爲一體，讓行住坐臥，相依不離，如此則神氣自然凝聚於氣穴，一氣規中，鼻息自然微微，綿綿若存。

接著我們要提問的是：爲何要使用「心息相依」之法？它是如何讓修煉者能臻至靜、定的狀態？內丹文獻資料《眞詮》、《聽心齋客問》與《玄微心印》是這樣記載的：

> 《眞詮・卷下・丹事二十四則・回光返照下手之功》曰：調息乃初機之功，凡人心念依著事物已久，一旦離境，則不能自立，雖暫能立，未久復散亂。所以用心息相依法，拴繫此心，由粗入細，纔得此心離境，便只恁虛無去，便不用調息矣。得至無天無地、無我無人境界，更有何息可調？此法最便捷、最容易、最無病。〔註38〕

> 《聽心齋客問》曰：「客問心息相依，曰：心依著事物已久，一旦離境，不能自立，所以用調息工夫，拴繫此心，使心息相依。調字亦不是用意，只是一呼一吸繫念耳，至心離境，則無人無我，更無息可調，只綿綿若存，久之，自然純熟。」〔註39〕

> 《玄微心印・卷二・胎息第一》曰：「故入門以胎息爲首。擇吉入室，斯時不宜飲酒，飲則氣粗；勿食蔥蒜，食則神昏。喜怒勿干，使心不亂；雜慮勿留，使志不分；面東端坐，厚鋪毯褥，使體不倦；解帶寬衣，使氣不促；謹閉六門，使氣不散。端坐良久，神清氣定，一念規中，萬緣頓息。移神於氣穴之內，不一念別移，不必用意注想，只要神息相依，勿令一息外馳，而氣吸時，心即隨之而到氣穴氣海，呼時心即隨之而至靈臺。綿綿不動，若忘若存，目不離觀，觀無所觀；神不離照，照無所照。坐到澄澄湛湛，物我兩忘，元神眞氣凝入黃庭，內不出，外不入，如在胎中，神息相抱，則息不待調而自勻矣。」〔註40〕

原來「心息相依」之法只是個權法，原因在於人心（心念、意識、思慮）依附這個肉身以及依著於事物（人心對於外境事物的染著）已久，如果斷然將其分離（離境），人心將失去依靠與附著而無法獨立存在。縱使能勉強令其

〔註38〕《藏外道書》十冊，頁861下。
〔註39〕《藏外道書》二十五冊，頁5上。
〔註40〕收載於：《濟一子道書十七種》，《藏外道書》十一冊，頁314下～315上。

獨立存在，最後也將淪爲散亂的地步。所以必須使用漸進的方法來離境，透過人體最自然、最本能的一呼一吸，將人心與呼吸相結合來拴繫此心，如此人心有了依著的點，透過一呼一吸的簡單形式，讓心念、意識、思慮能逐漸地脫離依著攀附的習性，如此而使人心漸趨於靜、定的狀態。當經過這樣「心息相依」（調息）的方式反覆地調節與控制心念與呼吸後，人心便能慢慢地面對外境而不染著，進而臻至離境的境地。當人心對外境不染不著時，此時就不需要調息的工夫了。並且此時的人心透過心息相依的功法，由後天的思慮心轉換成先天的清淨心。所以「心息相依」之法，只是煉己修性功夫中由後天相對之境轉爲先天絕對清境之境界的權宜方便法門，當心能離境而得至無天無地、無我無人的境界時，此時便無息可調。當到無息可調，此時就是所謂「眞息」（胎息）出現。易言之，調息的目的只是爲了讓修煉者心存一念，使其心志專一、神息相依與相抱而臻至靈臺澄澈清明、物我兩忘的境地，讓原本的後天呼吸（凡息）能透過「心息相依」之法而調出先天呼吸（眞息、胎息）來。

　　前述仇兆鰲在《悟眞篇集註·悟眞篇提要七條》中，稱這個由後天轉爲先天的「心息相依」法爲「玉液鍊形」之法！所謂「玉液鍊形」，根據陳致虛《金丹大要》與陸西星《玄膚論》的記載，其內容是：

　　　　《金丹大要·與南陽子張彥文》云：「道本無爲而無不爲。無爲者，玉液大丹，無不爲者，金液還丹。」〔註41〕

　　　　《金丹大要·與得陽子夏彥文》云：「先天者，金液大還丹；後天者，玉液九還丹。……《老子》曰：常無欲以觀其妙，爲玉液還丹；常有欲以觀其竅，爲金液還丹。」〔註42〕

　　　　陸西星《玄膚論·金液玉液論》曰：「丹法有金液煉形，玉液煉己之說，其旨安在？曰：夫道者，性命兼修，形神俱妙者也。金液煉形者，了命之謂也。玉液煉己者，了性之謂也。何謂玉液？玉者，溫潤貞純之喻。金者，堅剛不壞之稱。夫煉性者，損之又損，克去己私，務使溫潤貞純，與玉比德，則己之內煉熟矣。內煉既熟，然後可以臨爐採藥，而行一時半刻之功。及夫時至機動，則取坎塡離，採鉛伏汞。而坎中一畫之陽，乃先天乾金也，謂之金液。以之

〔註41〕《藏外道書》九冊，頁73上。
〔註42〕同上，頁76下。

煉形，則體化純陽，而形骸為之永固，一如金之堅剛而不壞矣。故
曰金煉玉煉。性命兼修，而形神俱妙者也。玉煉，則無為之道也；
金煉，則有為之術也。自無為而有為，有為之後，而復返於無為，
則性命之理得，而聖修之能事畢矣。」〔註43〕

「玉液煉形」，為無為之性功。其要訣借用《老子》「損之又損」的說法，
務使修煉者在入手煉己修性時，能去除心性中的雜念、妄念及慾望。因為強
調此時功法火候必須「溫潤貞純，與玉比德」，所以才稱之為「玉液煉形」之
法。換言之，玉液煉形是煉己修性之法的總稱，它是此階段無為性功的總名。

當玉液煉形之法（煉己修性）達至靜寂、念無的寂況虛境時（此時亦是
利用心息相依法調出真息或胎息時），此時先天境界出現，元氣流行，身中關
竅（玄牝）將豁然洞開。〔註44〕我們將此情形稱為「玄關開竅（開關展竅）」！
當玄關開竅後，即有能力與資格去盜奪先天真一之氣！

三、結　論

因為翁葆光《悟真篇‧注》是使用隱語的方式（內丹隱語：《陰符經》
式的「藏詞」）來呈現「煉己修性」之法，所以筆者本論文除了使用翁葆光對
《悟真篇》所作的註解文本（即《紫陽真人悟真篇注疏》與《悟真篇注釋》）
的文獻外，另外還使用補充資料文獻（歷來《悟真篇‧注》的註解引文與相
關的內丹文獻資料）來恢復及還原這個「煉己修性」之法。易言之，翁葆光
《悟真篇‧注》（有意或無意地）隱藏或缺漏了這個「煉己修性」之法，筆者
本文即是作補苴罅漏的工作，將這個「煉己修性」之法給還原及補充！

其次，為何筆者要另外使用補充資料文獻（歷來《悟真篇‧注》的註解
引文與相關的內丹文獻資料）來恢復及還原這個「煉己修性」之法？原因在
於：光由翁葆光對《悟真篇》所作的註解文本，雖然可以看出一些端倪線索，

〔註43〕　載於：《方壺外史》，《藏外道書》五冊，頁363上。
〔註44〕　（1）仇兆鰲《悟真篇集註‧中卷下‧三十九‧陶註》云：「初基之士，須從
調息始。息調則神自返，神返則息自定，神返息定，即名胎息。自然神氣交
結，無中生有，候露虛無之竅，而玄牝見象。」（台北：自由出版社，1999
年4月，頁203）；（2）《度人梯徑》曰：「成仙作佛，全在煉己。煉己功到寂
靜心如太虛，那時己身坎離交，五炁朝元，心死神活矣。再築基，基地成了，
六脈皆停，後天呼吸皆住，全是真炁回旋，返本還源由於玄牝出入矣。到其
時，玄牝自開，名曰真人之息。」（收載於：《濟一子道書十七種》，《藏外道
書》十一冊，頁595上）。

卻無法得出所隱含的「煉己修性」之法的內容。所以筆者就由歷來《悟眞篇・注》「先且觀天明五賊」句之註解引文下手，希望能得出這個所謂「煉己修性」之法。不過，雖然筆者使用歷來《悟眞篇・注》「先且觀天明五賊」句之註解引文的補充資料文獻，來恢復及還原這個「煉己修性」之法的大致內容，但是所得出的「煉己修性」之法還是不夠細緻，有些細部的內容還是語焉不詳。比如除了閉塞五根感官外，要如何降伏外放的心思慮念而收神入靜？有何具體的操作方法嗎？這個具體方法在上述的補充資料文獻中是闕而弗錄的！所以筆者還需要運用其他（歷來《悟眞篇》註解文句以外）的內丹文獻資料來補足與論述這些具體操作方法。

最後，所得出的這個具體操作方法即是：「心息相依」，又稱爲「玉液鍊形」之法！玉液鍊形是煉己修性之法的總稱，它是此階段無爲性功的總名。

引用資料

1. 翁葆光註、陳達靈傳、戴起宗疏《紫陽眞人悟眞篇注疏》《道藏》（三家本），第二冊，上海書店，1994 年。
2. 翁葆光《紫陽眞人悟眞直指詳說三乘秘要》《道藏》（三家本），第二冊。
3. 翁葆光《悟眞篇注釋》《道藏》（三家本），第三冊。
4. 《修眞十書・悟眞篇》《道藏》（三家本），第四冊。
5. 薛道光、陸墅、陳致虛註《紫陽眞人悟眞篇三注》《道藏》（三家本），第二冊。
6. 龍眉子《金液還丹印證圖》《道藏》（三家本），第三冊。
7. 李筌《黃帝陰符經疏》《道藏》（三家本），第二冊。
8. 陸西星《悟眞篇（詩小序）》，載於：《方壺外史》，《藏外道書》五冊，巴蜀書社，1994 年 12 月。
9. 陸西星《玄膚論》，載於：《方壺外史》，《藏外道書》五冊。
10. 伍沖虛《天仙正理直論》，《藏外道書》五冊。
11. 彭好古解《悟眞篇》，載於：《道言內外秘訣全書》，《藏外道書》六冊。
12. 劉一明《悟眞直指》，載於：《道書十二種》，《藏外道書》八冊。
13. 劉一明《象言破疑》，載於：《道書十二種》，《藏外道書》八冊。
14. 陳致虛《周易參同契分章注》，《藏外道書》九冊。
15. 陳致虛《金丹大要》，《藏外道書》9 冊。
16. 陶素耜《悟眞篇約注》，載於：《眞仙上乘》，《藏外道書》十冊。

17. 閔一得《棲霞山悟元子修眞辯難參證》，《藏外道書》十冊。

18. 《眞詮》，《藏外道書》十冊。

19. 《玄微心印》，收載於：《濟一子道書十七種》，《藏外道書》十一冊。

20. 《度人梯徑》，收載於：《濟一子道書十七種》，《藏外道書》十一冊。

21. 《聽心齋客問》，《藏外道書》二十五冊。

22. 金炳華等編，《哲學大辭典（修訂本）・上》，上海辭書，2001 年 6 月。

23. 金炳華等編，《哲學大辭典（修訂本）・下》，上海辭書，2001 年 6 月。

24. 仇兆鰲《悟眞篇集註》台北：自由出版社，1999 年 4 月。

25. 任繼愈主編《道藏提要》，北京：中國社會科學出版社，1991 年 7 月。

26. 柳存仁〈張伯端與悟眞篇〉，收載於：《和風堂文集・中冊》，上海古籍出版社，1991 年 10 月，頁 786～808。

27. 卿希泰主編的《中國道教史・第一卷》四川人民出版社，1996 年。

28. 卿希泰主編的《中國道教史・第二卷》四川人民出版社，1996 年。

29. 卿希泰著《續・中國道教史史綱》四川人民出版社，1999 年 8 月。

30. 卿希泰主編《中國道教思想史・第二卷》，北京：人民出版社，2009 年 12 月。

31. 卿希泰《中國道教思想史綱・第二卷》，四川人民出版社，1985 年。

32. 陳進國〈李筌《黃帝陰符經疏》的眞僞考略〉，《中國道教》2002 年 4 期，頁 28～30。

33. 郝勤《龍虎丹道——道教內丹術》四川人民出版社，1994 年 7 月。

34. 趙立綱主編《歷代名道傳》山東人民出版社，1996 年 1 月。

35. 詹石窗主編《新編中國哲學史》，北京：中國書店出版社，2002 年 2 月。

36. 馮利華《中古道書語言研究》，四川：巴蜀書社，2010 年 11 月。

37. 王明〈試論《陰符經》及其唯物主義思想〉，收載於：王明《道家和道教思想研究》，北京：中國社會科學出版社，1990 年 8 月，頁 139～158。

38. 蕭登福《黃帝陰符經今註今譯》，台北：文津出版社，1996 年 12 月。

39. 蕭登福《正統道藏提要（上）》，台北：文津出版社，2011 年 11 月。

40. 黃紅兵〈翁葆光的《悟眞篇注》思想及其影響〉，《宗教學研究》，2011 年第 3 期，頁 57～64。

41. 段致成《道教丹道易學研究—以《周易參同契》與《悟眞篇》爲核心的開展》國立臺灣師範大學國文所博士論文，2005 年 7 月。

42. 段致成〈試論張伯端法脈傳人與「南宗」法脈的定義〉，《成大宗教與文化學報》第 19 期，2012 年 12 月，頁 23～56。

43. 段致成〈現存南宋金元時期《悟眞篇》註本分析與「悟眞學」的提出與

定義〉。

44. 段致成〈試論翁葆光《悟真篇・注》的內丹理論——以「玄關開竅」與「先天一氣」爲討論核心〉（《成大宗教與文化學報》，22 期（2015 年 12 月，頁 109～158）。

肆、試論翁葆光《悟眞篇‧注》的內丹理論——以「玄關開竅」與「先天一氣」爲討論核心

一、前　言

　　本論文即是在：拙著〈試論翁葆光《悟眞篇‧注》的內丹理論——以「煉己修性」之法爲討論核心〉一文〔註1〕（以下簡稱：「煉己修性」一文）的基礎上，接續論述「玄關開竅」與「先天一氣」這兩個命題。

　　之所以會以這樣的順序來進行論述的原因是：翁葆光認爲要合成金丹，首先要進行採藥，而藥物卻非凡物，乃是先天眞一之氣，所以要先盜奪「先天眞一之氣」。但是要具備盜奪的能力，修煉者還必須先「煉己修性」，如此才能「玄關開竅」。也就是說，當煉己修性（又稱玉液鍊形之法）達至靜寂、念無的寂況虛境時（此時亦是利用心息相依法調出眞息或胎息時），此時先天境界出現，元氣流行，身中關竅（玄牝）將豁然洞開（即玄關開竅或開關展竅）！當玄關開竅後，即有能力與資格去盜奪先天眞一之氣！〔註2〕

〔註1〕　載於：《成大宗教與文化學報》第20期，2013年12月，頁85～110。
〔註2〕　翁葆光認爲在「金丹」修煉這個階段，強調要先採藥，才能煉就金丹。而藥物卻是存在於虛空之中的「先天眞一之氣」，所以煉金丹首要任務是盜奪先天眞一之氣。接著，在金丹修煉採藥這個階段，所面臨的問題是：「如何盜奪先天眞一之氣？」翁氏認爲這個問題的先決條件在於修煉者本身必須先「煉己修性」，如此才有能力去盜奪先天之氣。爲何要先煉己修性？因爲在煉己修性中，修煉者能開啓關鍵的玄關一竅（此階段又稱「玄關開竅」）。在玄關開竅、心性清（澄）明的狀態中，才能夠開啓盜奪先天一氣之密竅機關。並運

易言之，要煉金丹，修煉者必須先盜奪先天眞一之氣；要要具備盜奪的能力，還需先煉己修性；當煉己修性臻至虛靜之境，伴隨的便是玄關開竅的境地。所以整個金丹修煉過程的次序便是：煉己修性 → 玄關開竅 → 盜奪先天眞一之氣。換言之，翁氏整個金丹修煉的過程，包括「煉己修性」、「玄關開竅」以及「盜奪先天眞一之氣」等三項主要內容。

在「玄關開竅」的部份，筆者將論述：何謂「玄關」？何謂「玄關開竅」？內容主要在說明「玄關」的六項意涵以及「先天陰陽」與「二八眞陰眞陽同類無情之物」這兩個主題。在「盜奪先天眞一之氣」的部份，筆者則將論述：一、何謂「先天眞一之氣」？二、「先天一炁」內包含有「龍之弦氣」與「虎弦之氣」；三、如何「盜奪先天眞一之氣」？易言之，這部分內容主要在論述爲何與如何要「盜奪先天眞一之氣」的理由與方法以及「盜奪先天眞一之氣」與「煉己修性」及「玄關開竅」兩者的關係等內容。

二、翁葆光金丹修煉理論：「玄關開竅」與「先天眞一之氣」

既然翁氏整個金丹修煉的過程，包括「煉己修性」、「玄關開竅」以及「盜奪先天眞一之氣」這三項主要內容。所以在談論「玄關開竅」與「先天眞一之氣」前，先撮要地論述「煉己修性」的梗概內容，以作爲過渡到「玄關開竅」與「先天眞一之氣」這兩個命題時之理論思想連貫的背景脈絡基礎。

翁葆光在《悟眞篇‧注》中，有意識地隱藏了盜奪先天眞一之氣的先決條件：「煉己修性」之法。易言之，翁氏使用隱語藏詞（《陰符經》式的「藏詞」）而巧妙地隱藏了這個命功修煉前之「煉己修性」之法。這個「煉己修性」之法的大致內容是：常人平時的心神思慮與精氣通常都是外放散亂，如此將造成生命能量的耗損。對治之法，首先必須先逆反地閉塞自己的眼、耳、鼻、舌、意之五根五賊，讓自己不會產生色、聲、香、味、觸之外感官感覺與愛、欲、貪、嗔、癡之內情緒反應。如此則精、氣、神三者，將不會透過五根感官及情緒思慮而耗損散失。如此蓄積久久，當神全、氣盛、精固時，此時即是七情不動、五賊不亂、心無雜念、六根清靜，身心處於定靜的狀態，

用所盜奪的先天一氣中所含蘊的「龍虎二弦之氣」，合成一粒黍米之珠。詳細論述見於：拙著〈試論翁葆光《悟眞篇‧注》的內丹理論——以「煉己修性」之法爲討論核心〉一文（《成大宗教與文化學報》第 20 期，2013 年 12 月，頁 85～110）。

此時亦即是能覺知觀悟到自己靈明的天性心地（靈覺之良知本體）之時。當自己處於這個清明覺知、澄明靈覺之良知本體顯現的境地時，此時自然而然地能免去五賊之害與覺見照知五賊之用。換言之，煉己修性之法，即是使用逆反的方式，讓靈明的本心，能不受感官情緒的干擾而能恆常的顯現照見。當能降伏妄心而後對境無心與之相忘念絕時，則能去五賊之害，讓五賊的殺機轉變爲可爲我所用的生機。也就是說，煉己修性的目的，是要讓修煉者能覺知觀悟到自己靈明、靈覺的天性本心。即是讓自己處於清明覺知、澄明靈覺之良知本體顯現的境地。

但是，要達至這個境地的前提是：如何讓修煉者的身心處於靜、定的狀態？在內丹修煉中則普遍採用「調息」的方法。所謂調息，就是用意識、意念去調節、控制、鍛鍊呼吸，使其細勻深長，這也就是所謂的「心息相依」。換言之，心息相依就是將意念與呼吸熟練的合爲一體，讓行住坐臥，相依不離，如此則神氣自然凝聚於氣穴，一氣規中，鼻息自然微微，綿綿若存。並且「心息相依」之法只是個權法，原因在於人心（心念、意識、思慮）依附這個肉身以及依著於事物（人心對於外境事物的染著）已久，如果斷然將其分離（離境），人心將失去依靠與附著而無法獨立存在。縱使能勉強令其獨立存在，最後也將淪爲散亂的地步。所以必須使用漸進的方法來離境，透過人體最自然、最本能的一呼一吸，將人心與呼吸相結合來拴繫此心，如此人心有了依著的點，透過一呼一吸的簡單形式，讓心念、意識、思慮能逐漸地脫離依著攀附的習性，如此而使人心漸趨於靜、定的狀態。當經過這樣「心息相依」（調息）的方式反覆地調節與控制心念與呼吸後，人心便能慢慢地面對外境而不染著，進而臻至離境的境地。當人心對外境不染不著時，此時就不需要調息的工夫了。並且此時的人心透過心息相依的功法，已由後天的思慮心轉換成先天的清淨心。

所以「心息相依」之法，只是煉己修性功夫中由後天相對之境轉爲先天絕對清境之境界的權宜方便法門，當心能離境而得至無天無地、無我無人的境界時，此時便無息可調。當到無息可調，此時就是所謂「眞息」（胎息）出現。易言之，調息的目的只是爲了讓修煉者心存一念，使其心志專一、神息相依與相抱而臻至靈臺澄澈清明、物我兩忘的境地，讓原本的後天呼吸（凡息）能透過「心息相依」之法而調出先天呼吸（眞息、胎息）來。而這個由後天轉爲先天的「心息相依」之法又稱「玉液鍊形」之法！當玉液鍊形之法

（煉己修性）達至靜寂、念無的寂況虛境時（此時亦是利用心息相依法調出
眞息或胎息時），此時先天境界出現，元氣流行，身中關竅（玄牝）將豁然洞
開。我們將此情形稱爲「玄關開竅（開關展竅）」！〔註3〕

1、玄關開竅

談到「玄關開竅」，首先要說明的問題是：何謂「玄關（或稱玄牝與鼎爐）」

〔註3〕 詳細的論述，見於：拙著〈試論翁葆光《悟眞篇・注》的內丹理論──以「煉
己修性」之法爲討論核心〉一文（《成大宗教與文化學報》第 20 期，2013 年
12 月，頁 85～110）。

另外，胡孚琛先生《道學通論──道家・道教・丹道（增訂版）・伍、丹道篇・
第五章》亦提出相同的看法，其云：「內丹學入手法門的要訣在『心息相依』
四個字上，……丹家入手法門講究以假修眞，從後天轉入先天。後天的氣是
呼吸，後天的識神就是意念，以意念調整呼吸，將注意力集中到呼吸上，以
『心息相依』爲要訣，逐漸由後天呼吸轉變爲先天元神顯現時的胎息，便是
內丹的入手法門。……『心息相依』四字眞正做到了，以一線神光護住一縷
眞氣，不到半個小時即可見到『玄關一竅』。」（胡孚琛、呂錫琛著《道學通
論──道家・道教・丹道（增訂版）》，北京：社會科學文獻出版社，2004 年
6 月，頁 548）；又《道學通論──道家・道教・丹道（增訂版）・伍、丹道篇・
第九章》曰：「煉己存誠，其要訣在懲忿窒欲、虛寂恆誠；掃除後天之習染，
獨露先天之本體；使識神退位，元神呈現；息斷俗緣，退藏於密。丹家收拾
身心，凝神定慮，即歸中宮祖竅，養我本來一點靈光，常應常靜，二年三
年，積久益善，促開玄關一竅。」（同上，頁 588）。

其次，張廣保《唐宋內丹道教・第十章　內丹道在南宋時期的發展》中亦曰：
「玄關一竅不是一種現成的存在，人只有凝然靜定，精神湛寂，玄關一竅才
會自然顯現。……玄關一竅實際上是修煉者修道超脫的通道。」（上海文化出
版社，2001 年 1 月，頁 367）又云：「玄關一竅並不天然現成地存在於人身
之中，而必須在修煉者之精神進入特定存在狀態時，此竅才會顯現。」（同上，
頁 368）。

再者，沈文華《內丹生命哲學研究・第二章　盡性・第三節　見性明心》中
亦提出類同的見解，其云：「煉己可以造得清靜，進得自然。當到了氣靜之
極的寂況、念無的虛境時，先天出現，元炁流行。身中的關竅也會豁然動開。」
（北京：東方出版社，2006 年 12 月，頁 116）；又云：「只要（煉己）工夫純
粹，打成一片，如雞抱卵，自然神歸氣復，玄關出現，意味著開啟了先天之
門。」（同上，頁 118）；又云：「在很多內丹家看來，必須在胎息的狀態下才
會出現『玄關』。如黃元吉在《樂育堂語錄》中說：『此個玄牝門，不先修煉
則不見象。必要呼吸息斷，元息始行。久久溫養，則玄牝出入。外接天根，
內接地軸，綿綿密密，於腹臍之間，一竅開時，而周身毛竅無處不開，此即
所謂胎息。』」（同上，頁 120）；又云：「從後天到先天的途徑之一就是通過
呼吸，歷史上許多有成的內丹修煉者都從調息入手。……後天呼吸時刻循環，
任呼吸自調，修者只是致虛守靜，在杳冥昏默的過程中會出現眞息，眞息一
動，『玄關』即不遠了。」（同上，頁 150）。

〔註4〕？我們先來看看翁葆光《悟眞・篇・注》中對於玄關的文獻記載，經筆者爬疏後有代表性的可歸納爲十七條文獻。其云：

　　　（1）《紫陽眞人悟眞篇注疏・序》曰：「所謂金丹之要者，以二八眞陰眞陽之物立於爐鼎，誘先天之一氣歸斯爐鼎之中，變成一粒，大如黍米，號曰太一眞氣。」〔註5〕；又曰：「夫鍊金丹大藥，

〔註4〕　談到「玄關」、「玄關一竅」、「玄牝」與「鼎爐」這些詞語，則牽涉到《老子》與丹道的關係。此處的丹道，筆者則以内丹經典張伯端《悟眞篇》爲代表。張廣保《唐宋内丹道教・第十章　　内丹道在南宋時期的發展》云：「内丹家認爲玄關一竅既蘊藏著結胎成胎的先天眞藥物，又是采煉、烹煎之所。……内丹道的玄關一竅又稱玄牝之竅、玄牝之門、玄牝等等。……從現存文獻來分析，玄牝之詞當源於老子《道德經》之『谷神不死，是爲玄牝；玄牝之門，是爲天地根』之語。」（上海文化出版社，2001年1月，頁362～363）；王沐《悟眞篇淺解・附錄一《悟眞篇》丹法要旨》曾云：「元陳致虛《金丹大要》内《道德經》總論一章說：『老子之道，即金丹大道也。』『如恍惚中有象有物，杳冥中有精有信。此皆指大道，顯靈玄機者也。經内隱八十餘異名，如衆甫、神器、玄牝、橐籥之類。蓋深注意于道，使後人從是而悟，因悟而入，因入而有爲，有爲者即金丹也。』……《道德經》雖系講玄理，《悟眞篇》則將玄理化成丹訣丹法，亦即丹法家所稱既有淵源，復加自悟，發揮奧義，自成一家。……《悟眞篇》絕句第三十九：『要得谷神長不死，須憑玄牝立根基。眞精既返黃金屋，一顆明珠永不離。』張伯端所指玄牝，劉一明解釋說：『谷神之動靜，及玄牝之門也。這個門在人身爲四大不著之處。天地之正中，虛懸一穴，開闔有時，動靜自然，號之曰玄關一竅，又號之曰衆妙之門。玄牝之門，是爲天地之根，盜機妙用，須從此處立基。』他這意思是說玄牝即丹法所指玄關一竅。」（北京：中華書局，1997年10月，頁345～346）；「玄關一竅」爲丹家之秘，又有玄竅、玄牝、玄牝之門、虛無窟子、偃月爐、西南鄉、戊己門、谷神、天地根等異名。（上述說法見於：胡孚琛、呂錫琛著《道學通論——道家・道教・丹道（增訂版）・伍、丹道篇・第七章内丹基本理論揭秘》，北京：社會科學文獻出版社，2004年6月，頁567）；「鼎爐」最早是外丹所用的名詞，「鼎」爲烹煉丹藥的器具，「爐」爲煉丹用火的加熱器。後來爲内丹家所引用，比喻内煉金丹的位置。在煉精化炁階段，鼎在泥丸宮，爐在下丹田。在河車運轉中，將外藥運昇於泥丸，下降凝固於土釜。昇沿督脈到頭頂，降由頭頂下接任脈，入下丹田。這一段在丹法中稱「大鼎爐」；在煉炁化神階段，則上以黃庭（膻中穴）爲鼎，下以丹田爲爐，氤氳二穴之間，以神靜守，不用沿任、督二脈循環，稱爲「小鼎爐」。（上述說法見於：王沐《悟眞篇淺解・附錄一《悟眞篇》丹法要旨》，北京：中華書局，1997年10月，頁296～297）；基於上述，由於「鼎爐」比喻内煉金丹的位置，所以本論文便將「玄關」、「玄關一竅」、「玄牝」與「鼎爐」這四個詞語相等（類）同，以做爲《老子》與内丹（金丹）相關聯的關鍵詞語。

〔註5〕　《道藏》（三家本），第二冊，頁912上。

先明天地未判之前，混沌無名之始氣，立爲丹基。次辨眞陰、眞陽，同類無情之物，各重八兩，立爲爐鼎。假此爐鼎之眞氣，施設法象，運動周星，誘此先天之始氣。不越半箇時辰，結成一粒，附在鼎中，大如黍米，此名金丹也。」〔註6〕

（2）《紫陽眞人悟眞篇注疏‧卷四》曰：「聖人以乾坤喻爲鼎器，日月喻爲藥也。乾坤即眞龍、眞虎也，藥物即龍虎之弦氣也。魏眞人曰：鼎鼎元無鼎，藥藥元無藥。聖人假託名立象，借喻如此，其要只此眞龍眞虎、初弦二氣，交媾凝鍊眞一之精，結於北海中宮之内。」〔註7〕

（3）《紫陽眞人悟眞篇注疏‧卷四》曰：「金丹之道，安爐立鼎，煅鍊精华，以制魂魄，莫不取法於天地子母。……金丹以氣與類結而成之，故曰藥逢氣類方成象也。」〔註8〕

（4）《紫陽眞人悟眞篇注疏‧卷四》曰：「偃月爐者，陰爐也。中有玉藥之陽氣，虎之弦氣也。朱砂鼎者，陽鼎也。中有水銀之陰氣，即龍之弦氣也。金丹只因此二弦之火，調停和合之力，種得眞一之芽，長在黃家結黍珠也。」〔註9〕；又曰：「此爐之口仰開如偃月之狀，故謂之偃月爐，即北海也。元始之祖氣在焉。」〔註10〕

（5）《紫陽眞人悟眞篇注疏‧卷五》曰：「聖人運動陰符陽火，協天地升降之道，日月往來之理，攢簇四時、八節、二十四氣、七十二候，環列鼎中，而生眞一之體。」〔註11〕

（6）《紫陽眞人悟眞篇注疏‧卷五》曰：「魏伯陽眞人因讀《易》而悟金丹作用，與《易》道一洞，故作《參同契》，演大《易》卦象，以明丹旨，開示後人。故比喻乾坤爲鼎器，象靈胎神室在我丹田中也。又以坎離喻爲藥物，象鉛汞之在靈胎神室中也。夫乾坤爲眾卦之父母，坎離爲乾坤之眞精，故以四卦居於中宮，猶靈胎鉛汞在丹

〔註6〕　同上，頁913上。
〔註7〕　同上，頁933中。
〔註8〕　同上，頁936下。
〔註9〕　同上，頁937下。
〔註10〕　同上，頁940中。
〔註11〕　同上，頁941上。

田中也。」〔註12〕

（7）《紫陽眞人悟眞篇注疏・卷五》曰：「故聖人採此二八金水之精，擒歸造化爐中，烹鍊眞一之氣，變化黍粒。」〔註13〕

（8）《紫陽眞人悟眞篇注疏・卷五》曰：「聖人窮神索隱，默知金精氣旺之時，一陽初動之際，擒龍捉虎，布武施文，誘太一眞氣歸斯鉛鼎交感之中宮，溫溫孕一黍珠，赫照光透簾幃，不半箇時辰，立獲丹耳，可謂受氣之初得之容易矣。」〔註14〕

（9）《紫陽眞人悟眞篇注疏・卷六》曰：「玄牝二物，豈可以一穴言之。自開闢以來，若無此二物，安能有萬物乎？內外二丹，從此名立。聖人祕之，號曰偃月爐、懸胎鼎也。」〔註15〕

（10）《紫陽眞人悟眞篇注疏・卷六》曰：「若欲長生，根基立玄牝，然後長生可致也。萬神莫不由此二物而生，因此二物而死。實爲天地之根，五行之祖，陰陽之蒂，萬化之基。聖人憑此而成外藥，藉此小變內丹，故得眞精。運動不停，復還黃金玉釜之室，變爲一顆靈珠明光。」〔註16〕

（11）《紫陽眞人悟眞篇注疏・卷六》曰：「修丹之士驅龍來就虎，虎即開北苑之花以就龍，龍飲西方之酒以就虎。龍虎吞啗交姤成象，即運青娥汞火，與龍虎二火相見，眷戀之後，一時封鎖在黃家中宮，而產眞一之精。……黃家，即鼎爐玄關是也。」〔註17〕

（12）《紫陽眞人悟眞篇注疏・卷七》曰：「夫外藥者，金丹也。是造化在二八爐中，不出半箇時辰，立得成就。……聖人知己之眞氣，後天地生，本屬陰陽，難擒易失。乃採先天一氣，眞陰眞陽，二八同類之物，擒在一時辰內，鍊成一粒至陽之丹，號曰眞鉛。此造化在外，故曰外藥。」〔註18〕

〔註12〕同上，頁941下～942上。
〔註13〕同上，頁945上。
〔註14〕同上，頁946中。
〔註15〕同上，頁946下。
〔註16〕同上，頁947下～948上。
〔註17〕同上，頁948上。
〔註18〕同上，頁953下～954上中。

（13）《紫陽眞人悟眞篇注疏‧卷七》曰：「金丹不出五行而成。……眞一之氣，一變爲水在北，二變爲砂在南，三變爲汞在東，四變爲金在西，五變爲土在中。……然其造化妙用，出入不離玄牝之門。」〔註19〕

（14）《紫陽眞人悟眞篇注疏‧卷八‧讀周易參同契》曰：「聖人則之，反此陰陽，逆施造化，立乾坤爲鼎器，盜先天一氣以爲丹。……聖人先以眞陰眞陽二物爲爐鼎，然後誘太極一氣爲丹。太極之氣，在於虛無之中，不可求測。苟不以眞陰眞陽而誘之，則不能降靈成象。」〔註20〕

（15）《紫陽眞人悟眞直指詳說三乘秘要‧悟眞直指詳說》曰：「眞一之氣，生於天地之先，邈不可測，聖人以同類之物誘之成丹。亦猶日中有火，以陽燧引之，則得其火矣。又如月中有水，以方諸引之，則得其水矣。故煅同類之物，立爲爐鼎，號曰眞龍眞虎。」〔註21〕

（16）《紫陽眞人悟眞直指詳說三乘秘要‧強兵戰勝之術》曰：「夫鍊金丹者，每以中秋初夜，一陽動時，坐鎮魁罡，壇升三級，左擒龍而審定鼎弦，右捉虎而精調火候。一文一武，交爭戰於玄門。一去一來，互鬥危於牝戶。息符刻漏，數應周天，無令毫髮差殊。」〔註22〕

（17）《悟眞篇注釋‧卷中》曰：「下工之初，即赫赤金丹，大如黍米，收入黃庭，養成至寶也。鉛鼎者，乃洞陽金鼎，存於虛无杳冥之間，乃自然之鼎也。鉛者，先天虛无中物也。下手之後，鉛鼎溫溫，如火之攻，如雲之敷，和暢情性，瀰漫海嶽。……是以鉛爲宗祖，居玄牝之內，爲天地之根。」〔註23〕

經筆者的耙梳，這十七條文獻是翁葆光《悟眞篇‧注》中對於玄關的說明甚有代表性的文句。從中可以看出翁葆光所謂的玄關（或稱玄牝與鼎爐）

〔註19〕同上，頁956中下。
〔註20〕同上，頁961上下。
〔註21〕同上，頁1019下。
〔註22〕同上，頁1021中下。
〔註23〕《道藏》（三家本），第三冊，頁21下～22上。

的意涵來。這二十條文獻中所顯現的玄關意涵可歸納爲下列六項：

（A）**強調玄牝在內丹修煉的重要性**。（第 10 條）若欲長生，根基立玄牝，然後長生可致也。萬神莫不由此二物而生，因此二物而死。實爲天地之根，五行之祖，陰陽之蒂，萬化之基；（第 13 條）（金丹）其造化妙用，出入不離玄牝之門。

（B）**玄牝存在於虛無杳冥之間，非實體**。（第 17 條）鉛鼎者，乃洞陽金鼎，存於虛无杳冥之間，乃自然之鼎也。鉛者，先天虛无中物也。

（C）**玄牝是「二八眞陰眞陽同類無情之物」，又稱眞龍眞虎或稱眞陰眞陽**。（第 1 條）以二八眞陰眞陽之物立於爐鼎、眞陰眞陽，同類無情之物，各重八兩，立爲爐鼎；（第 3 條）金丹以氣與類結而成之；（第 12 條）乃採先天一氣，眞陰眞陽，二八同類之物，擒在一時辰內，鍊成一粒至陽之丹；（第 14 條）聖人先以眞陰眞陽二物爲爐鼎，然後誘太極一氣爲丹；（第 15 條）眞一之氣，生於天地之先，邈不可測，聖人以同類之物誘之成丹。故煅同類之物，立爲爐鼎，號曰眞龍眞虎。

（D）**玄牝爲二物，比喻爲爐鼎器物**。（第 2 條）乾坤喻爲鼎器。乾坤即眞龍、眞虎也；（第 4 條）偃月爐者，陰爐也。朱砂鼎者，陽鼎也；（第 6 條）喻乾坤爲鼎器，象靈胎神室在我丹田中也；（第 9 條）玄牝二物，豈可以一穴言之。聖人祕之，號曰偃月爐、懸胎鼎也；（第 14 條）立乾坤爲鼎器，盜先天一氣以爲丹。

（E）**玄牝開啓時是一陽初動時**。（第 8 條）一陽初動之際，擒龍捉虎，布武施文，誘太一眞氣歸斯鉛鼎交感之中宮；（第 16 條）夫鍊金丹者，每以中秋初夜，一陽動時，坐鎮魁罡，壇升三級，左擒龍而審定鼎弦，右捉虎而精調火候。一文一武，交爭戰於玄門。一去一來，互鬪危於牝戶。

（F）**玄關爲烹鍊藥物的場所**。（第 5 條）聖人運動陰符陽火，恊天地升降之道，日月往來之理，攢簇四時、八節、二十四氣、七十二候，環列鼎中，而生眞一之體；（第 7 條）故聖人採此二八金水之精，擒歸造化爐中，烹鍊眞一之氣，變化黍粒；（第 11 條）修丹之士驅龍來就虎，虎即開北苑之花以就龍，龍飲西方之酒以就虎。龍虎吞啗交姤成象，即運青娥秉火，與龍虎二火相見，眷戀之後，一時封鎖在黃家中宮，而產眞一之精。……黃家，即鼎爐玄關是也。

綜合這六項玄關的意涵，翁葆光《悟眞篇・注》認爲「玄關」（玄牝）

在內丹修煉中甚爲重要，爲修煉的關鍵所在。並且強調玄牝非實體，存在於虛無杳冥之間。此外，翁氏又稱玄牝爲「二八眞陰眞陽同類無情之物」，另名「眞龍眞虎」或稱「眞陰眞陽」。所以，玄牝爲二物（眞龍、眞虎或眞陰、眞陽），比喻爲爐鼎二物。因此，玄關爲烹練藥物的場所。最後，當玄牝開啓時是在修煉者一陽初動之時。

由上述，所以關於「何謂玄關（或稱玄牝）？」這個問題，翁氏《悟眞篇・注》具體的提出玄牝即爲「二八眞陰眞陽同類無情之物」，又稱「眞龍眞虎」或「眞陰眞陽」。接著，產生的問題便是：「二八眞陰眞陽同類無情之物」是什麼？「眞龍眞虎」或「眞陰眞陽」又代表什麼意涵？

關於這個問題，筆者認爲所謂「二八眞陰眞陽同類無情之物」（又稱「眞龍、眞虎」或「眞陰、眞陽」）其實就是「先天陰陽」的代稱。原因就在於前述曾說過：「玄關開竅」的境地，是處於利用「心息相依」之法，將後天呼吸（凡息）調出先天呼吸（眞息、胎息）的狀態。易言之，在煉己修性工夫中，透過心息相依的功法，已將後天相對之境（後天的思慮心）轉爲先天絕對清境之境界（先天的清淨心）。此時修煉者心存一念，其心志專一、神息相依及相抱而臻至靈臺澄澈清明、物我兩忘的境地，即達至靜寂、念無的寂況虛境（此時就是利用心息相依法調出眞息或胎息的狀態）。換言之，當「玄關開竅」時，修煉者即是處於先天的境界中，此時所產生的現象便是：自身元氣流行，身中關竅（玄牝）豁然洞開（開關展竅）。

也就是說，因爲「玄關開竅」是處於先天的狀態，所以這個代表玄關（玄牝）的「二八眞陰眞陽同類無情之物」（又稱「眞龍、眞虎」或「眞陰、眞陽」），就必須從「先天境界」（先天陰陽）的角度切入來論述及探討才是確切符合其原意的。

（1）先天陰陽

在探討「先天陰陽」的意義前，筆者認爲必須先明瞭「先天」與「陰陽」這兩詞語在內丹學中分別代表什麼意涵後，如此才能進階至探討「先天陰陽」的意涵。

關於「先天」與「陰陽」在內丹學中所代表的意涵，戈國龍先生在《道教內丹學探微》一書中曾針對這兩個主題提出頗有系統的論述，其以「內丹學宇宙論模式」一詞爲論述之基準與方向，來區分「先天」與「陰陽」的確切所指意涵。筆者認爲戈先生這個詞語（內丹學宇宙論模式）的提出與論述，

頗能釐清及說明本論文所要論述的命題——內丹學中「先天」與「陰陽」的定義與意旨。易言之，筆者將以戈先生《道教內丹學探微》一書中「內丹學宇宙論模式」的研究成果，作爲本論文研究的基礎背景與資糧，在此基礎上繼續進行內丹學研究（論述內丹學中「先天」與「陰陽」的定義與意旨等內容）。所以，現在撮其「內丹學宇宙論模式」要點略述如下：

> 用數字「0」來表示「道」和「虛」的層次，用「1」來表示「先天一氣」或「混元一氣」的層次，用「2」來表示「神與氣」或「陰與陽」的二分層次，用「3」來表示「精（形）、氣、神」的三元層次，那麼「0→1→2→3……萬物」則可用於表示「道生一，一生二，二生三，三生萬物」的順向演化，而「萬物……3→2→1→0」則可用於表示「煉精化氣、煉氣化神、煉神還虛（道）」的逆向演化。……「0→1→2→3……萬物」的順向演化是「從先天到後天」的「由虛化實、由實生礙」的過程，而「萬物……3→2→1→0」的逆向演化則是「從後天返先天」的「由實返虛、由虛而通」的修煉過程。通過逆向修煉而重返本源，重返無形無相的「虛」體。人就從有限而回到無限，就獲得了永恆與超越。……本體之虛從「無」一面觀之是「0」，從「有」一面觀之亦可說爲「1」，「1」即是「先天一氣」，於是「0」和「1」的差別或只是邏輯性的視角轉換，其所指乃爲同一本體，故可以先天眞一之氣釋道。但氣也可指陰陽二氣，這時氣已經有了顯化的差別，此時之氣爲道（虛）與具體物之間的中間狀態，屬「2」的層次，便非先天性的本體了。〔註24〕

易言之，所謂「內丹學宇宙論模式」，即：「0（虛）→1（先天一氣）→2（陰陽二氣）→3（精氣神）……萬物」。可分成順生與逆返兩個途徑，以及由這兩途徑所衍生的世俗與神聖的思想內容。「先天」一詞的意義，在「內丹學宇宙論模式」中是屬於「0」（虛）與「1」（先天一氣）的層次。「陰陽」一詞的意涵則是屬於「2」（陰陽二氣）的層次。

此外，如果是「先天陰陽」這個詞，其又是屬於「0」（虛）與「1」（先天一氣）的層次。亦撮其《道教內丹學探微‧第三章　陰陽》要點略述如下：

> 作爲理解內丹學陰陽概念的哲理基礎，我們首先要理解「陰

〔註24〕詳細論述見於：戈國龍《道教內丹學探微‧第一章　順逆》（四川：巴蜀書社，2001年8月，頁48～56）。

陽」在內丹學宇宙論本體論上的地位和意義。如「順逆」一章所述，在「0（虛）→1（先天一氣）→2（陰陽二氣）→3（精氣神）」的宇宙論模型中，「陰陽」應指「2」的層次。……在內丹學宇宙論中，「0」、「1」、「2」、「3」等宇宙演化的各個層次都是相互聯繫相互貫通而不是彼此截然分開的，所以「陰陽」狹義地說是指「2」的層次，但廣義地說「陰陽」在每一個層次中都有相應的體現。陰陽二氣不是憑空而來，它們既然是從「先天一氣」或「虛」中化生，那麼在「先天一氣」或「虛」中也應有「陰陽二氣」的「胚胎」作爲其演化的可能性基礎，各個層次之間只有「顯」和「隱」的差別而已，在「虛」中「隱」有「先天一氣」，在「先天一氣」中「隱」有「陰陽二氣」，而「陰陽二氣」中亦「隱」先天之道，先天與後天之間實有隱顯之辯證哲理，其本身亦是一種「陰陽」對待也。此即劉一明所說：「一陰一陽之謂道，是就道之用言。無形無象，是就道之體言。太極未分之前，道包陰陽，太極既分之後，陰陽生道。」在「陰陽二氣」的層次是道之妙用，而無形無象之虛則是道之本體，要皆同源於道，只是體用有別而已。陰陽未分化之前，陰陽潛存於道之中；陰陽既分之後，道在陰陽之中。「順」是從道生陰陽，先天化後天；「逆」是從陰陽覓道，後天返先天，這是內丹學「順凡逆仙」之根本原理。所以在內丹學陰陽概念中，陰陽不只是狹義的「陰陽二氣」的層次……其中的「先天陰陽」已不是指「2」一層次的狹義的「陰陽」概念，而是本體層次的概念。……本來內丹學修煉是從後天的陰陽返還於先天的本體，說「陰陽」時常是指後天陰陽而言，這是內丹學要超越的對象，但在廣義的陰陽概念中，陰陽又有先天本體層次上的意義。內丹學修煉的目標是從後天的陰陽返還於先天的本體，按狹義的陰陽概念，本體之「虛」不應再說爲「陰陽」，但據上文所說各層之相關性考慮，「虛」應是後天陰陽的先天依據，或亦可稱爲「先天陰陽」，但需注意凡說到「先天」便非指後天的「陰陽二氣」的層次。先天陰陽實是「陰」和「陽」尚未顯化的「陰陽合一」的本體，相當於「0」或「1」的層次（在順逆章中我們說過「0」和「1」在某種意義上可以相通）。從這個意義上說，先天陰陽不是任何後天顯化型態的陰和陽。……但它亦可

説是「純陰」、「眞陰」或「純陽」、「眞陽」，即所謂「眞陰眞陽爲先天，假陰假陽爲後天」。有時「純陽」又簡稱爲「陽」，這時「陽」不再是陰陽對待的「2」層次的概念，而是「1」層次上的先天一氣或「0」層次上的「虛」。〔註25〕

「先天陰陽」，在這個「內丹學宇宙論模式」中是屬於「0」（虛）與「1」（先天一氣）的層次。它是「陰」和「陽」尚未顯化的「陰陽合一」之本體。強調先天陰陽，是在說明此時的「陰陽」，在內丹學宇宙論模式中是處於尚未分化之前，即陰陽潛存於道之中的狀態（此時的先天陰陽又可稱爲本體之虛）。易言之，在先天的層次，陰陽是屬於隱的狀態，隱於「道、虛及先天一氣」之中。所以，才稱呼隱於先天層次中的陰陽爲「先天陰陽」。

接著，前述筆者曾言這個所謂「先天陰陽」，又爲「二八眞陰眞陽同類無情之物」的代稱。換言之，這個代表玄關（玄牝）的「二八眞陰眞陽同類無情之物」，其實亦可稱作「先天陰陽」。所以「先天陰陽」所指涉的意義與內涵，就等同於「二八眞陰眞陽同類無情之物」（又稱「眞龍、眞虎」或「眞陰、眞陽」）的意義與內涵。因此，所謂「二八眞陰眞陽同類無情之物」其實就是指「陰」和「陽」尚未顯化的「陰陽合一」之本體（即隱於先天層次中的陰陽）。所以又可稱爲「純陰」、「眞陰」與「純陽」、「眞陽」。它是在「內丹學宇宙論模式」中屬於「0」（虛）與「1」（先天一氣）的層次。

（2）二八眞陰眞陽同類無情之物

再者，我們要繼續追問的是：這個處於先天層次的「二八眞陰眞陽同類無情之物」的確切意涵所指爲何？在回答這個問題前，我們必須先分別理解與釐清下列這些詞語的意涵，即：「二八」、「眞陰眞陽」、「同類」及「無情之物」的意義。

關於「二八」的意涵，《悟眞篇注釋・卷上》曰：

> 蓋修丹之法，先取上弦西畔半輪月，得陽金八兩；次取下弦東畔半輪月，得陰水半斤。以此兩箇半輪月，合爲而生丹，丹似明月而圓也。《大丹火記》曰：靈丹一粒，大如黍米，重于一斤。以此兩箇八兩合成一斤。〔註26〕

〔註25〕詳細論述見於：戈國龍《道教內丹學探微・第三章　陰陽》（四川：巴蜀書社，2001 年 8 月，頁 157～161）。

〔註26〕《道藏》（三家本），第三冊，頁 8 中下。

又云：

> 烏肝八兩，兔髓半斤，兩箇八兩合成一斤，故藥重一斤須二八。

〔註27〕

《紫陽眞人悟眞篇注疏·卷四》曰：

> 月之半輪者，一八之數也。仙翁指龍虎皆一八之數，合而成二
> 八也。〔註28〕

《紫陽眞人悟眞篇注疏·卷七》曰：

> 金丹一粒如黍，其重一斤。〔註29〕

「二八」，是兩個八的意思。取其一斤十六兩，由兩個八兩加總合成之意。又有平衡、並重的意涵。所以取象於上弦西畔半輪月之陽金與下弦東畔半輪月之陰水。而這個取象又隱含有強調陰陽之間彼此平衡與並重之意義。

至於「眞陰眞陽」的意涵，《紫陽眞人悟眞篇注疏·序》曰：

> 所謂金丹之要者，以二八眞陰眞陽之物立於爐鼎，誘先天之一
> 氣歸斯爐鼎之中，變成一粒，大如黍米，號曰太一眞氣。是以首列
> 七言四韻一十六首，表其眞陰眞陽之數也。……金丹一粒，即太極
> 一氣也。聖人假借二八之物，擒此一氣，於一時中，變成一粒，殊
> 不出一時辰中，餌之立超聖地。〔註30〕

又曰：

> 夫鍊金丹大藥，先明天地未判之前，混沌無名之始氣，立爲丹
> 基。次辨眞陰、眞陽，同類無情之物，各重八兩，立爲爐鼎。假此
> 爐鼎之眞氣，施設法象，運動周星，誘此先天之始氣。不越半箇時
> 辰，結成一粒，附在鼎中，大如黍米，此名金丹也。〔註31〕

由這兩段文獻，可以很清楚的得知所謂「眞陰眞陽」是指「同類無情之物」，它的功用是用來當作煉金丹時的鼎爐。而且在取量上是取各八兩。所以，「二八」一詞在此處是指兩個八兩。因而此處的二八是指向陰陽之間的平衡與並重，即「眞陰」、「眞陽」兩者的平衡與並重。不過，何謂「同類無情之物」？即「眞陰眞陽」的確切所指意涵，從這兩段文獻並無法得知。然

〔註27〕同上，頁9中。
〔註28〕《道藏》（三家本），第二冊，頁932中。
〔註29〕同上，頁952上。
〔註30〕同上，頁912上下。
〔註31〕同上，頁913上。

而雖然無法得知，但卻讓我們明白了兩件事情：其一，「眞陰眞陽」是指涉兩樣（項）東西（事物）。其二，如果想得知「眞陰眞陽」的確切所指意涵，則必須從「同類無情之物」一詞下手。

因此，我們就從「同類無情之物」這條線索來探討「眞陰眞陽」的意涵。關於「同類無情之物」（或稱「同類之物」）的文獻，經筆者爬梳後，有代表性的可歸納爲如下六條文獻：

1. 《紫陽眞人悟眞篇注疏・卷二》曰：「眞一之氣，生於天地之先，混於虛無之中，恍惚杳冥，視之不見，聽之不聞，搏之不得，如之何凝結而成黍米哉？聖人以實而形虛，以有而形無。實而有者，眞陰眞陽也，同類無情之物也；虛而無者，二八初弦之氣也，有氣而無質者也。兩者相形，一物生焉。所謂一物者，眞一之氣，凝而爲一黍之珠者也。……聖人恐泄天地之機，以眞陰眞陽取喻青龍白虎也，以兩弦之氣取喻眞鉛眞汞也。」〔註32〕

2. 《紫陽眞人悟眞篇注疏・卷三》曰：「眞一之氣，生於天地之先，杳杳冥冥，不可測度，因二八同類相當之物，合而成親，絪縕交感之中，激而有象。同類者，無情之情、不色之色，正謂烏肝八兩、兔髓半斤是也。此二八相當之同類，合而成親，則眞一之氣歸於交感穴中，凝成黍粒，斯道妙矣。」〔註33〕

3. 《紫陽眞人悟眞篇注疏・卷四》曰：「修眞者若非同類，功用徒勞。《參同契》曰：同類易施功，非類難爲巧。欲作服食仙，當以同類者。蓋人稟天地之秀氣以有生，眞鉛是天地之母氣，託同類之物，孕而育之。故眞鉛爲母氣，我眞氣爲子氣，豈非同類之至妙者乎。」〔註34〕

4. 《紫陽眞人悟眞篇注疏・卷四》曰：「金丹之道，安爐立鼎，煅鍊精華，以制魂魄，莫不取法於天地子母。……金丹以氣與類結而成之，故曰藥逢氣類方成象也。」〔註35〕

5. 《紫陽眞人悟眞篇注疏・卷八・讀周易參同契》曰：「聖人

〔註32〕同上，頁921中下。
〔註33〕同上，頁927下。
〔註34〕同上，頁936上。
〔註35〕同上，頁936下。

先以眞陰眞陽二物爲爐鼎，然後誘太極一氣爲丹。太極之氣，在於
虛無之中，不可求測。苟不以眞陰眞陽而誘之，則不能降靈成象。」
〔註36〕

6.《紫陽眞人悟眞直指詳說三乘祕要‧悟眞直指詳說》曰：「眞
一之氣，生於天地之先，邈不可測，聖人以同類之物誘之成丹。亦
猶日中有火，以陽燧引之，則得其火矣。又如月中有水，以方諸引
之，則得其水矣。故煅同類之物，立爲爐鼎，號曰眞龍眞虎。……
夫同類者，無情之情，不色之色。萬物之中，得其性命之正，爲靈
爲貴之最者也。」〔註37〕

　　歸納上述文獻，得到一個大略的意義：所謂「眞陰眞陽」，就是指「同
類無情之物」。易言之，「眞陰眞陽」與「同類無情之物」的意涵是一致的，
只是在稱謂上不同罷了（眞陰眞陽也，同類無情之物也）！這個「同類無情
之物」應該就是人初生賦性中所潛存的先天陰陽之氣，這個先天陰陽之氣爲
子氣，它是由先天之氣（母氣）所化生，當人降生出胎時，這個先天陰陽之
氣即潛藏於人體性命之中（人稟天地之秀氣以有生，眞鉛是天地之母氣，託
同類之物，孕而育之。故眞鉛爲母氣，我眞氣爲子氣）。內丹修煉在逆反盜
奪先天之氣時，取譬於陽燧引之得火與方諸引之得水例子的概念，首先必須
將此潛藏於人身中之先天陰陽之氣（子氣）當作盜奪的根本觸媒（以同類之
物誘之），如此才能依據同類相吸、相聚的原理去吸引盜奪虛空中的先天眞
一之氣（母氣）。所以此處「同類」的意涵應該是指人身中所潛藏的先天陰
陽之氣（子氣）同類於虛空中的先天眞一之氣（母氣）（眞鉛爲母氣，我眞
氣爲子氣，豈非同類之至妙者）。「無情之物」則是指相對於有情有識的人體
感官知覺來說，這個潛藏於人體性命之中的先天陰陽之氣（子氣）是無情無
識的。因此，所謂「同類無情之物」的意涵就是指人身中所潛藏的先天陰陽
之氣（子氣）而言。這個「子氣」又可解釋作人身中的「眞陰眞陽」之氣（以
眞陰眞陽而誘之）。這個「眞陰眞陽」之氣因爲其潛藏於人身之中，所以雖
然渺不可見，但卻是「實而有者」。並且因爲其性質是無情無識的，卻潛藏
寄寓於有情有識的人身之中，所以才稱呼其是「無情之情、不色之色」（夫
同類者，無情之情，不色之色）。

〔註36〕同上，頁961下。
〔註37〕同上，頁1019下。

所以此處來作個小結，這個處於先天層次的「二八眞陰眞陽同類無情之物」的確切意涵即是：「眞陰」、「眞陽」這對平衡與並重之潛藏於人體性命之中的先天陰陽之氣（子氣）是無情無識的，它的功用是當作盜奪先天眞一之氣的根本觸媒，運用同類相吸、相聚的原理，這個先天陰陽之氣（子氣）是可以吸引盜奪虛空中的先天眞一之氣（母氣）。所以它又可稱作是將這個所盜奪下來的先天之氣儲存收納的容器——爐鼎（即鼎爐又稱玄關或玄牝）（以眞陰眞陽二物爲爐鼎；煅同類之物，立爲爐鼎）。這個「爐鼎」容器的性質狀態是呈現出「先天陰陽之子氣」（即潛藏於人身中之「眞陰」、「眞陽」）兩者的平衡與並重。

因此，所謂「玄關開竅」，即是指內丹修煉者體內所潛藏的先天陰陽之子氣（即「眞陰」、「眞陽」）達至平衡與並重的狀態（烏肝八兩、兔髓半斤是也。此二八相當之同類）。易言之，當此「眞陰」、「眞陽」二氣在人體之中達到平衡與並重的狀態時，此時即是進入了「先天」的境地。在這個人爲複製的先天境界中，修煉者的「玄關」（玄牝）因爲體內「眞陰」、「眞陽」的平衡與並重而豁顯洞開。〔註38〕

2、盜奪先天真一之氣

當修煉者經過「煉己修性」的工夫進而將「玄關開竅」時，此時即有資格與能力開始進行「盜奪先天眞一之氣」的功法。易言之，在鍊金丹的過程

〔註38〕關於「玄關」（玄牝）內含「陰」與「陽」的說法，內丹文獻亦曾載云，如劉一明《參同直指・參同契直指箋注・中篇》曰：「《道德經》云：『谷神不死，是謂玄牝。玄牝之門，是謂天地根。』玄，陽也，主動；牝，陰也，主靜。玄牝之門，即生陰生陽之門，即有動有靜之門，故謂天地根。這個門，有谷神存焉。谷神者，陰陽兩而合一之神。谷神動靜而生陰陽。陰陽相合，又生谷神。玄牝，谷神也。順之則生人而成幻身。逆之則生仙而成眞身。順逆之間，眞幻大別。」（載於：《道書十二種》，《藏外道書》八冊，頁304上）。至於修煉者如何將體內所潛藏的先天陰陽之子氣（即「眞陰」、「眞陽」）達至平衡與並重的狀態，本文前述曾提及即是利用「心息相依」之法，將後天呼吸（凡息）調出先天呼吸（眞息、胎息）的狀態。易言之，在煉己修性工夫中，透過心息相依的功法，已將後天相對之境（後天的思慮心）轉爲先天絕對清境之境界（先天的清淨心）。此時修煉者心存一念，其心志專一、神息相依及相抱而臻至靈臺澄澈清明、物我兩忘的境地，即達至靜寂、念無的寂況虛境（此時就是利用心息相依法調出眞息或胎息的狀態）。關於「心息相依」之法詳細的論述，除了見於：拙著〈試論翁葆光《悟眞篇・注》的內丹理論——以「煉己修性」之法爲討論核心〉一文（《成大宗教與文化學報》第20期，2013年12月，頁85〜110）外，另見於本論文附註9的引文資料。

中，修煉者必須先完成前兩項次第程序——「煉己修性」與「玄關開竅」，如此才具備進入「盜奪先天眞一之氣」程序的充足條件。

不過，在論述這個「盜奪先天眞一之氣」的功法步驟前，我們必須先來解決與理解一個更根源性的問題，即：爲何在煉金丹時要盜奪「先天眞一之氣」的原因！這個原因筆者曾在「煉己修性」一文中提過，現在撮其要點內容敍述。就是翁葆光（亦是內丹學的傳統）認爲：人的一身皆爲陰質，屬於後天的層次，如果想要成就先天層次的純陽之仙，向人身（體）中去尋覓，是找不到超越的先天藥物（雖然人身中潛藏有先天之氣——子氣，但因爲量極微，僅能當作盜奪先天之氣——母氣的觸媒），必須往先天虛空中去找尋。也就是說，翁氏認爲在「金丹」修煉這個階段，強調要先採藥，才能煉就金丹。不過，他認爲這個藥物是存在於虛空之中的「先天眞一之氣」（又稱：先天眞一炁、混沌無名之始氣、先天之始氣、混元眞一之炁、眞一之氣及先天一氣等），所以煉金丹首要任務是盜奪這個「先天眞一之氣」當作煉金丹的藥物。易言之，因爲煉金丹的藥物是存在於「先天」層次中，因此，翁氏是以回歸、逆反「宇宙論創生模式」（道→先天一氣（元炁）→陰陽→天地→萬物），從逆溯其源頭的方式，去找尋生命最原初的本質，作爲超越的依據。而這個超越的依據，就是所謂的「先天眞一之氣」。〔註39〕

接著，可以繼續追問：爲何煉金丹的藥物是存在於「先天」層次中的「先天眞一之氣」？換言之，爲何這個所謂的「先天眞一之氣」就是煉金丹的「藥物」？關於這個問題，牽涉到「何謂先天眞一之氣」？即「先天眞一之氣」的性質問題。

（1）何謂「先天眞一之氣」？

「先天眞一之氣」（以下簡稱「先天一炁」〔註40〕），在前述「內丹學宇

〔註39〕 詳細論述的文獻內容，見於：拙著〈試論翁葆光《悟眞篇・注》的內丹理論
　　　　——以「煉己修性」之法爲討論核心〉一文。（《成大宗教與文化學報》第20
　　　　期，2013年12月，頁93～94）。

〔註40〕 劉一明《修眞後辨・先天眞一之氣》云：「緣督子曰：『先天之氣，自虛無中
　　　　來。』悟眞云：『道自虛無生一氣，便從一氣產陰陽。』道光云：『有物先天
　　　　地，無名本寂寥；能爲萬象主，不逐四時凋。』此皆言先天之氣，爲生物之
　　　　祖氣，乃自虛無中來，爲萬象之主，天地之宗，無形無象，無聲無臭，視之
　　　　不見，聽之不聞，搏之不得。然雖無形而能生形，無象而能生象。……先天
　　　　眞一之氣，歷萬劫而不壞，超羣類而獨尊。……先天眞一之氣，是生物之祖
　　　　氣，是鴻濛未判之始氣，是混沌初分之靈根，或以元氣爲先天眞一之氣。……

宙論模式」中是屬於「1」這個層次。所以「先天一炁」是界於「0」（道、虛）與「2」（陰陽二氣）之間，它按理應該是處於「先天」與「後天」層次間扮演著中介或零界的角色。易言之，在「內丹學宇宙論模式」中，「先天一炁」是屬於先天層次，它被設定爲是「道」與「萬物」的中介。

此外，由上述關於煉金丹時爲何要盜奪「先天眞一之氣」的原因之敘述，可以看出這牽涉到「宇宙論」（又稱宇宙生成論，Cosmology）與（宇宙）「本體論」（Ontology）的問題。在此，我們再撮引戈國龍《道教內丹學探微》中，關於「宇宙生成論」與「（宇宙）本體論」的說法，來作爲本論文的論述之背景基礎依據。其曰：

> 「先天一炁」則是超越性的本源之物，以先天一氣爲結丹的材料，並最終與道合一，就能「超乎天地之外」。與哲學上「宇宙論」和「本體論」這兩種思想進路相對應，後天與先天的超越區分也可有兩種意義，一種是先天指宇宙生成論上的本源，現象界萬事萬物所生的源頭，後天返先天就是回到源頭；一種是先天指本體論意義上現象界萬事萬物的本體，後天返先天就是從現象返歸本體。當然在內丹學文獻中這兩種意義的分別並不是那麼鮮明，很多時候兩者是混爲一體的：說本源時也兼有本體的意義，或本源即本體。本源是從時間意義上追溯「萬物之母」，而本體是從邏輯意義上追尋「萬物之根」，但依歷史與邏輯的內在統一，未嘗不可說本源即本體。其實在《老子》那裏，「道」就是本源和本體的合一，道既是萬物的本

夫先天眞一之氣，是混元祖氣，生天生地生人物，其大無外，其小無內，動靜如一，陰陽混成；在先天而生乎陰陽，在後天而藏於陰陽。」（載於：《道書十二種》，《藏外道書》八冊，頁 496 上～497 上）；胡孚琛、呂錫琛著《道學通論——道家·道教·丹道（增訂版）·伍、丹道篇·第五章　鍾呂丹法的基本特徵》云：「先天一炁在內丹學中又稱大乙眞氣、道炁、元始祖炁、元始含眞氣、元始先天一炁等，名目不一。」（北京：社會科學文獻出版社，2004年6月，頁 551）；又《道學通論——道家·道教·丹道（增訂版）·伍、丹道篇·第七章　內丹基本理論揭秘》云：「內丹學認爲在宇宙未創生之前，是一片虛无。當宇宙創生之時，虛无之道化生出元始先天一炁（大乙眞氣），這種先天一炁被認爲是宇宙萬物運動的一片生機，也是生命運動的源泉。因之，自身陰陽、同類陰陽、虛空陰陽丹法都以招攝先天一炁爲目標。」（同上，頁562）；張廣保《唐宋內丹道教·第十章　內丹道在南宋時期的發展》云：「先天一炁又稱虛无一炁、眞一之炁、眞一之精、先天陽精等等。……內丹修煉的眞藥物乃先天一炁。」（上海文化出版社，2001年1月，頁369）。

　　源，又是超越的本體。……道教內丹學與本體相應的概念主要有兩
　　個，一個是「道」，另一個是「虛」，理解了這兩個概念的意蘊，其
　　餘諸如「無極」、「先天一氣」、「太虛」等具有本體義的概念皆可觸
　　類而旁通之。〔註41〕

又曰：

　　在「先天一氣」的層次上，氣具有本體的意義，故內丹學有時也
　　以「氣」釋道。……而「先天一氣」是煉丹的超越性的依據。〔註42〕

　　根基於上述戈先生的說法，筆者此處來作一些歸納與闡發：「宇宙生成論」，主要是敘述宇宙的生成變化之原理與原則。如果以前述「內丹學宇宙論模式」來說，這個宇宙生成論的「順生」順序就是：「道、虛→先天一氣→陰陽二氣→萬物」。宇宙生成論的「逆反」方向則是：「道、虛←先天一氣←陰陽二氣←萬物」。內丹修煉強調要逆反由後天返先天，就是指在追尋一種宇宙生成論上的本源，即現象界萬事萬物所生的源頭，由後天返先天就是回到這個源頭（道、虛或先天一氣）。「宇宙本體論」，則主要在說明存有的根源與本體。在內丹修煉時則指一種從後天返先天，返回本體論意義上現象界萬事萬物的本體。易言之，此處的後天返先天就是從現象返歸本體（道、虛或先天一炁）。

　　可以看出，不論是「宇宙生成論」或「宇宙本體論」，最終皆是迴歸至「道、虛」或「先天一炁」。而在內丹學中，因爲這個「先天一炁」具有接近（宇宙）本源與（宇宙）本體的雙重意義，且相對於「道、虛」之空無虛廓、無形無相來說，「先天一炁」雖亦是恍惚窈冥、無形無相，但相對地卻是可以讓內丹修煉者所掌握、控制的(利用內丹功法可盜奪、攝受，後面會詳細說明)。所以，「先天一炁」則順理成章地成爲修煉者煉金丹時的根源素材以及長生成仙能夠實現的依據與根據。易言之，因爲「先天一炁」的性質具有本源上萬物之母以及本體上萬物之根的雙重性質，所以，如果修煉者煉金丹想要成功（長生成仙想要可能），那麼盜奪「先天一炁」這個步驟，就自然地成爲金丹修煉時的必然與必要進行功法。

　　接著，我們繼續來論述翁氏《悟眞篇・注》中，這個屬於「1」層次的「先

〔註41〕戈國龍《道教內丹學探微・第一章　順逆》（四川：巴蜀書社，2001年8月，頁47～48）。
〔註42〕　同上，頁54。

天一炁」之性質問題。現羅列文獻如下，以作爲論述的依據。其云：

1.《紫陽眞人悟眞篇注疏‧卷二》曰：「天地未分之前，混元眞一之氣，謂之無中生有。……眞一之氣，生於天地之先，混於虛無之中，恍惚杳冥，視之不見，聽之不聞，搏之不得。」〔註43〕

2.《紫陽眞人悟眞篇注疏‧卷三》曰：「蓋謂大道肇自虛無生一氣，一氣生陰陽。……眞一之氣……生於天地之先。……自開闢以來，凡有形與名之類，莫不由此而成變化。」〔註44〕；又曰：「眞一之氣，生於天地之先，杳杳冥冥，不可測度。」〔註45〕

3.《紫陽眞人悟眞篇注疏‧卷四》曰：「太上曰：無名，天地之始。有名，萬物之母。又曰：此兩者同出而異名。方其無也，眞一之氣不可見也，故爲天地之始；及其有也，眞一之氣化而爲黍，現於空玄之中，故爲萬物之母。」〔註46〕

4.《紫陽眞人悟眞篇注疏‧卷五》曰：「道本虛而乃有形之氣，氣本實而乃無形之形，有無相制而一生焉。是以一生二，二生三，三生萬物。萬物負陰而抱陽，沖氣以爲和。方其未形，沖和之氣不可見也。及其既形，輕清之氣屬陽，重濁之氣屬陰，二氣絪緼，兩情交姤。……故《易》曰：天地絪緼，萬物化醇。男女姤精，萬物化生。」〔註47〕

5.《紫陽眞人悟眞篇注疏‧卷八‧讀周易參同契》曰：「虛無者，道之體也。道生一氣而變陰陽，故陽天陰地，二儀是也。」〔註48〕

6.《紫陽眞人悟眞直指詳說三乘秘要‧悟眞直指詳說》曰：「夫混沌未顯之前，虛無寂寞，無名可宗，強名曰道。道降而生一氣，非動非靜，非濁非清，邈不可測，聖人強言，謂之混元眞一之氣。一氣既判，化爲陰陽。」〔註49〕

〔註43〕《道藏》（三家本），第二冊，頁921中。
〔註44〕《道藏》（三家本），第二冊，頁926中下。
〔註45〕《道藏》（三家本），第二冊，頁927下。
〔註46〕《道藏》（三家本），第二冊，頁937上。
〔註47〕《道藏》（三家本），第二冊，頁944上中。
〔註48〕《道藏》（三家本），第二冊，頁961上。
〔註49〕《道藏》（三家本），第二冊，頁1019中。

由上述引文文獻可知翁氏的「宇宙生成論」是與筆者前述的「內丹學宇宙論模式」（道、虛→先天一氣→陰陽二氣→萬物）若合符節的！翁氏對於所謂「先天一炁」給出了如下的性質與內涵之描述：

其一，「先天一炁」是自虛無中來，它是源於「道」、「虛」，是「道」、「虛」所派生出來的。如果以「有」、「無」的概念來說，可以稱爲「無」中生「有」。這個「無」即是表示「道、虛」，「有」則是指「先天一炁」。所以「先天一炁」在這個「宇宙生成論」中並非最根源本初的，但它接近於根源本初。

其二，「先天一炁」的性質是：恍惚杳冥，無形無質。

其三，「先天一炁」雖不是最根源本初的，但它卻是化生萬物之母。

總之，這個「先天一炁」源於道、虛，生於天地之先，混於虛無之中，恍惚杳冥，不可測度，但卻是化生萬物的生機之母。換言之，此處的「先天一炁」，在「宇宙生成論」中有著本源上萬物之母的性質。

（2）「先天一炁」內，包含有「龍之弦氣」與「虎弦之氣」

此外，這個「先天一炁」之性質──恍惚杳冥的狀態中，卻是有物、有精。其云：

> 《紫陽真人悟真篇注疏‧卷三》曰：「丹是一，一是真一之氣，天地之母氣也。……恍恍惚惚、杳杳冥冥者，混元真一之氣也，生於天地之先，不可測度。恍惚中有物者，龍之弦氣也；杳冥中有精者，虎之弦氣也。二弦之氣在於恍惚之中、杳冥之內，絪縕相逢，磅礴相戀。故得真一之氣靈非（兆靈）有變，而爲一黍之珠，此無中生有之妙也。」〔註50〕

> 《紫陽真人悟真篇注疏‧卷四》曰：「夫真一之氣，混於杳冥恍惚之中，難求難見，聖人以法伏之，故得杳冥中有精，恍惚中有物，變化煅鍊成丹。」〔註51〕

> 《紫陽真人悟真篇注疏‧卷四》曰：「恍惚之中有象者，龍之弦气也。杳冥之內有精者，虎之弦氣也。二弦皆有氣而無質者也。恍恍惚惚，杳杳冥冥，視之不見，聽之不聞者，真一之氣也。真一之氣，至靈而無形者也。真一子曰：無者，龍也。有者，虎也。無者，汞氣也。有者，鉛氣也。無因有激之而有象，有因無感之而有

〔註50〕《道藏》（三家本），第二冊，頁931上中。
〔註51〕《道藏》（三家本），第二冊，頁934下～935上。

靈。故得黍珠懸空，紫霜耀日也。」〔註52〕

《紫陽眞人悟眞篇注疏・卷七》曰：「蓋眞一之氣，窅然無形，不得二八陰陽初弦之氣相交，焉能降格兆形黍粒也哉。」〔註53〕

可以看出翁氏這個恍惚杳冥的狀態中有物、有精的說法，完全是襲用、蛻變於《老子》一書。不過，接著翁氏卻用了「龍之弦氣」與「虎之弦氣」這兩個詞來具體形容這個恍惚杳冥狀態中的有物、有精，即「恍惚中有物者，龍之弦氣也；杳冥中有精者，虎之弦氣也」。換言之，翁氏認爲「先天一炁」處於恍惚杳冥的狀態中包含有「龍之弦氣」與「虎之弦氣」。而此龍、虎二弦之氣皆是「有氣而無質」，在先天一炁中是處於「絪縕相逢，磅礴相戀」的狀態。也就是說，在先天層次中的先天一炁內含有龍、虎二弦之氣。此二弦之氣在於恍惚之中、杳冥之內（恍惚杳冥狀態）中是呈現出兩種異質極端的氣體——龍之弦氣、虎之弦氣，相互作用交纏且澎湃氣盛的狀態（二弦之氣在於恍惚之中、杳冥之內，絪縕相逢，磅礴相戀）。

翁氏這個二弦之氣的說法，頗類於《周易・繫辭下》中的「天地絪縕，萬物化醇」（天地陰陽二氣交感綿密融合）的敘述。筆者認爲翁氏襲用、蛻變於《周易・繫辭下》的說法，並在此基礎上創造地提出這個「先天一炁」中包含有「龍之弦氣」與「虎之弦氣」的說法，其實就是指涉：前述「內丹學宇宙論模式」中隱於「先天一炁」內，含而未分的「先天陰陽」！換言之，龍、虎二弦之氣即是指在「內丹學宇宙論模式」中，屬於「1」（先天一氣）的層次之隱於先天層次中的陰陽！此「先天陰陽」，又可稱爲「純陰」（眞陰）與「純陽」（眞陽）。以下我們羅列翁氏《悟眞篇・注》中關於「龍之弦氣」與「虎之弦氣」的文獻，以作爲論述的依據。其云：

《紫陽眞人悟眞篇注疏・卷一》曰：「眞龍眞虎者，二八是也。眞鉛眞汞者，龍虎二弦之氣也。」〔註54〕

《紫陽眞人悟眞篇注疏・卷三》曰：「夫外藥之眞鉛眞汞，即龍虎初弦之氣也。」〔註55〕；又曰：「萬卷仙經，至當歸一，莫不以龍虎二八初弦之氣爲丹之質。」〔註56〕；又曰：「無形可觀者，

〔註52〕《道藏》（三家本），第二冊，頁938下～939上。
〔註53〕《道藏》（三家本），第二冊，頁956上。
〔註54〕《道藏》（三家本），第二冊，頁918中。
〔註55〕《道藏》（三家本），第二冊，頁928上。
〔註56〕《道藏》（三家本），第二冊，頁930中。

龍虎二八初弦之氣也,以其有氣而無質,故不可見而可用也,實採
鉛之樞機也。」〔註57〕

　　《紫陽眞人悟眞篇注疏‧卷四》曰:「聖人以乾坤喻爲鼎器,
　　日月喻爲藥也。乾坤即眞龍眞虎也,藥物即龍虎之弦氣也。……聖
　　人假託名立象,借喻如此。其要只此眞龍眞虎、初弦二氣,交媾凝
　　鍊眞一之精。」〔註58〕;又曰:「驅龍則火汞飛揚,駕虎則水鉛閃
　　鍊(爍),絪縕造化,一粒黍米,先天氣成。……喻如龍虎合兩弦之
　　氣而生丹也。」〔註59〕;又曰:「二物能感化眞一之氣,結在太一
　　爐中。」〔註60〕;又曰:「恍惚之中有象者,龍之弦氣也。杳冥之
　　內有精者,虎之弦氣也。二弦皆有氣而無質者也。恍恍惚惚,杳杳
　　冥冥,視之不見,聽之不聞者,眞一之氣也。眞一之氣,至靈而無
　　形者也。」〔註61〕

　　《紫陽眞人悟眞篇注疏‧卷五》曰:「雄裏雌乃龍之弦氣,汞
　　是也。陰抱陽乃虎之弦氣,鉛是也。二物交合,靈丹自生。」〔註62〕

　　內丹學喜歡談「龍」說「虎」,又頗愛言「鉛」論「汞」。除了隱喻的目
的(不洩漏天機)外,其承襲自外丹的基本術語符號也是原因之一。翁氏《悟
眞篇‧注》中不免俗的也是如此。龍虎二弦之氣,又稱眞鉛眞汞。龍之弦氣
代表眞汞,虎之弦氣則代表眞鉛。它是煉金丹的本質。其性質是有氣而無質,
所以其無形可覩,雖然其不可見但卻可用(無形可覩者,龍虎二八初弦之氣
也,以其有氣而無質,故不可見而可用也),因此它是「採鉛之樞機」(煉金
丹采藥的重要中心關鍵,即盜奪先天一氣的關鍵樞紐)。並且此龍虎二弦之
氣,是處於「二八」的狀態。前述在論「玄關一竅」時曾論說過所謂二八,
即指兩個八的意思。取其一斤十六兩,由兩個八兩加總合成之意。又有平衡、
並重的意涵。所以取象上隱含有強調陰陽之間彼此平衡與並重之意義。又代
表「眞陰」、「眞陽」兩者的平衡與並重。所以,「龍虎二八初弦之氣」,即是
指龍之弦氣與虎之弦氣兩者間的平衡與並重。

〔註57〕《道藏》(三家本),第二冊,頁931中。
〔註58〕《道藏》(三家本),第二冊,頁933中。
〔註59〕《道藏》(三家本),第二冊,頁935中下。
〔註60〕《道藏》(三家本),第二冊,頁937中下。
〔註61〕《道藏》(三家本),第二冊,頁938下。
〔註62〕《道藏》(三家本),第二冊,頁957中。

其次，從上述文獻可以看出這個「恍恍惚惚，杳杳冥冥」的龍虎二弦之氣的性質同於「先天一炁」的性質（恍惚杳冥、至靈而無形），並且前述曾說「先天一炁」中是隱含有「龍虎二弦之氣」，且龍虎兩者又處於平衡與並重的狀態。再加上龍虎二弦之氣又代表「眞陰」、「眞陽」兩者的平衡與並重之說法。所以，綜合歸納前述說法，我們就可以如是說：「龍虎二弦之氣」即是代表隱含於「先天一炁」中，含而未分的「先天陰陽」！此「先天陰陽」，又可稱爲「純陰」（眞陰）與「純陽」（眞陽）。易言之，「龍虎二弦之氣」即是指隱於「先天一炁」中之「先天層次中的陰陽」（即：眞陰、眞陽）。「龍之弦氣」代表「眞陽」，「虎之弦氣」則代表「眞陰」。〔註63〕

（3）如何「盜奪先天眞一之氣」？

盜奪先天眞一之氣的功法，筆者將它分成「總綱領」與「細步驟」兩項內容。前述這個隱於「先天一炁」中的「龍虎二弦之氣」之所以重要，原因在於它是如何盜奪「先天一炁」的至要關鍵。也就是說，「龍虎二弦之氣」對如何盜奪「先天一炁」的功法起了很大的作用，它是「細步驟」的內容焦點（後文會詳述）。此處依序先列舉「總綱領」項目有代表性的文獻如下：

1.《紫陽眞人悟眞篇注疏‧序》曰：「所謂金丹之要者，以二八眞陰眞陽之物立於爐鼎，誘先天之一氣歸斯爐鼎之中，變成一粒，大如黍米，號曰太一眞氣。是以首列七言四韻一十六首，表其眞陰眞陽之數也。……殊不知金丹一粒，即太極一氣也。聖人假借二八之物，擒此一氣，於一時中，變成一粒，殊不出一時辰中，餌之立超聖地。」〔註64〕

2.《紫陽眞人悟眞篇注疏‧卷二》曰：「天地未分之前，混元眞一之氣，謂之無中生有。聖人以法追攝，於一箇時辰內，結成一

〔註63〕劉一明《參同直指‧參同契箋注直指‧中篇》云：「修眞之道，全是盜天地虛無之氣，竊陰陽造化之權。……先天之氣，近在我身，切在心胸，豈有不能感化者乎？其不能感化者，皆因陰陽不能和合之故。如果和合，則先天之氣，自虛無中來，一時辰內管丹成矣。」（載於：《道書十二種》，《藏外道書》八冊，頁303下～304上）；劉一明《修眞辨難‧卷上》云：「眞陰眞陽爲先天，假陰假陽爲後天。先天成道，後天敗道。問曰：『何爲眞陰眞陽？何爲假陰假陽？』答曰：『陽中之陰爲眞陰，陰中之陽爲眞陽。』」（同上，頁472上）；劉一明《修眞後辨‧先後天陰陽》云：「先天陰陽，從法身而出，乃虛無一氣所生，有氣無質，所以與天地而長久。」（同上，頁499上）。

〔註64〕《道藏》（三家本），第二冊，頁912上下。

粒，大如黍米，號曰金丹。又曰眞鉛。……人得一粒，餌之，立躋
聖地。……眞一之氣，生於天地之先，混於虛無之中，恍惚杳冥，
視之不見，聽之不聞，搏之不得，如之何凝結而成黍米哉？<u>聖人以</u>
<u>實而形虛，以有而形無。實而有者，眞陰眞陽也，同類無情之物也；</u>
<u>虛而無者，二八初弦之氣也，有氣而無質者也。兩者相形，一物生</u>
<u>焉。</u>所謂一物者，眞一之氣，凝而為一黍之珠者也。……聖人恐泄
天地之機，以眞陰眞陽取喻青龍白虎也，以兩弦之氣取喻眞鉛眞汞
也。」〔註65〕

3.《紫陽眞人悟眞篇注疏‧卷四》曰：「夫眞一之氣，混於杳
冥恍惚之中，難求難見，<u>聖人以法伏之</u>，故得杳冥中有精，恍惚中
有物，變化煅鍊成丹。」〔註66〕；又曰：「混元眞一之氣，視之不
見，聽之不聞，搏之不得，聖人以<u>同類二八初弦之氣</u>，感而遂通，
降靈（成）象，空玄之中，一粒如黍。」〔註67〕；又曰：「金丹以
<u>氣與類</u>結而成之，故曰：藥逢氣類方成象也。」〔註68〕；

4.《紫陽眞人悟眞篇注疏‧卷八‧讀周易參同契》曰：「<u>聖人</u>
<u>先以眞陰眞陽二物為爐鼎，然後誘太極一氣為丹。</u>太極之氣，在於
虛無之中，不可求測。苟不以眞陰眞陽而誘之，則不能降靈成象。」
〔註69〕

5.《紫陽眞人悟眞直指詳說三乘秘要‧悟眞直指詳說》曰：「眞
一之氣，生於天地之先，邈不可測，聖人<u>以同類之物誘之成丹</u>。亦猶
日中有火，以陽燧引之，則得其火矣。又如月中有水，以方諸引之，
則得其水矣。故煅同類之物，立為爐鼎，號曰眞龍眞虎。」〔註70〕

綜合歸納上述引文，盜奪「先天一炁」功法的「總綱領」即是：「金丹
<u>以氣與類</u>結而成之」這句話。換言之，內丹修煉者必須先明瞭與掌握「先天
一炁」（氣）與「玄牝：二八同類之物」（類）這兩項內容。也就是說，修煉
者運用「同類交感相應」的原理方法，以自身「玄關一竅」中之「眞陰眞陽」

〔註65〕《道藏》（三家本），第二冊，頁921中下。
〔註66〕《道藏》（三家本），第二冊，頁934下～935上。
〔註67〕《道藏》（三家本），第二冊，頁936上中。
〔註68〕《道藏》（三家本），第二冊，頁936下。
〔註69〕《道藏》（三家本），第二冊，頁961上下。
〔註70〕《道藏》（三家本），第二冊，頁1019下。

所含攝的先天一氣的特質，去吸引招攝（誘、擒、盜、奪、採）虛空中的先天眞一氣。易言之，虛空中的先天眞一氣，是所謂的「母氣」。自身「玄關一竅」中的先天一氣，則爲「子氣」。「同類交感相應」的原理方法就是以「子氣」去召喚、吸攝「母氣」。換言之，因爲先天眞一之氣中本含有「龍虎二弦之氣」，而人身「玄牝」（玄關一竅）中則含有「眞陰眞陽」二氣，利用同類相吸相攝的原理，即「龍虎二弦之氣」與「眞陰眞陽」二氣相吸相引，兩者互攝相招，以完成盜奪「先天一炁」至玄牝之中（以二八眞陰眞陽之物立於爐鼎，誘先天之一氣歸斯爐鼎之中；假借二八之物，擒此一氣；以同類二八初弦之氣，感而遂通；以眞陰眞陽二物爲爐鼎，然後誘太極一氣爲丹；以同類之物誘之成丹）。此外，翁氏《悟眞篇‧注》亦借用《道德經》中「有」、「無」相生相成的原理原則，即是：「以實而形虛，以有而形無」這句話！「實而有者」：眞陰眞陽，又稱同類無情之物；「虛而無者」：二八初弦之氣，其性質是有氣而無質者。以「實有」去誘擒、採攝「虛無」，將「實有」與「虛無」相互凝煉交融，就能凝而爲「一黍之珠」，而有一物「金丹」（眞鉛）生焉。

此外，如果將「煉己修性」、「先天一炁」與「玄關一竅」這三個主題相結合，則盜奪「先天一炁」的內容則是：修煉者在盜奪先天眞一之氣時，本身必須處於身心大定、心性澄明的狀態，此時內丹修煉者因爲是處於眞息的狀態，所以玄關一竅開竅，體內潛藏的陰陽二氣是處於平衡穩定的狀態。修煉者以此身心狀態當作觸媒，去盜奪充滿在虛空中由「龍虎二弦之氣」和合的「先天眞一之氣」。也就是說，盜奪先天一氣的技術，其實就是修煉者調節自己身心節律去同於宇宙的內在節律的合諧調勻技術，將殘留在宇宙中的「先天一氣」（初始信息）招攝到體內。〔註71〕

〔註71〕胡孚琛《道學通論——道家‧道教‧丹道（增訂版）‧伍、丹道篇‧第五章》中，曾提出如何盜奪「先天一氣」的原理方法，其云：「先天一炁在內丹學中又稱太乙眞氣、道炁、原始祖炁、原始含眞氣、原始先天一炁等，名目不一。內丹學的理論認爲只要按丹家秘傳的法訣將這種殘留在宇宙中的先天一炁招攝到體內，即通過元意識的激發在量子層次上和自然界基本節律共振發生相互作用，才能使自己的身心與混沌的宇宙融爲一體，同宇宙的自然本性契合，返回先天的自然狀態，進入同道一體化的境界。內丹家在『致虛極，守靜篤』的條件下採用師徒秘傳的同類陰陽交感的技術，實際上是一種將人體節律同宇宙內在節律調諧的技術，促進宇宙和人體的大循環，達到歸一成眞、還虛合道的目標。……使人體的頻率和宇宙的根本節律相一致……這就是人體招攝先天一炁的調協原理。」（胡孚琛、呂錫琛著《道學通論——道家‧道教‧丹道（增訂版）》，北京：社會科學文獻出版社，2004年6月，頁551）；

　　這種以「玄關一竅」當作盜奪先天一氣之器具的說法，翁氏《悟眞篇‧注》以「陽燧」〔註72〕與「方諸」這兩個器具做爲譬喻（聖人以同類之物誘之成丹。亦猶日中有火，以陽燧引之，則得其火矣。又如月中有水，以方諸引之，則得其水矣。故煅同類之物，立爲爐鼎）。因爲「陽燧」是古人用來向日（太陽）取火的銅製火鏡。「方諸」則是古人用來在月下承盛露水的器具。也就是說，此處吾身「玄關一竅」（玄牝之門），就如同陽燧與方諸所代表之器具意義。〔註73〕

<hr>

又《道學通論——道家‧道教‧丹道（增訂版）‧伍、丹道篇‧第七章》曰：
「我們推測，先天一炁大概是宇宙大爆炸之前的初始信息，是時間和空間還沒展開的宇宙本源，是自然界最根本的內在節律。初始的宇宙中隱藏著秩序，存在著產生普適的宇宙節律的信息源。內丹家通過一種將人體節律和宇宙節律調諧的技術，使人體精、氣、神等元素充分激發，在量子層次上和自然界的本源相互作用，將這種殘留在宇宙中的初始信息招攝到體內。內丹家將人體和大自然的內在節律相調諧，使自己的身心與混沌的宇宙融爲一體，返回先天的初始狀態，才能同宇宙的自然本性契合，進入道的境界。」（同上，頁562）；沈文華《內丹生命哲學研究‧第二章　至命‧第一節　理解生命》中亦提出如何盜奪「先天一氣」的原理方法，其云：「有一些內丹家則主張調息的目標爲胎息，認爲只有後天呼吸停，胎息出現，才能招攝虛空中元氣來增補自身的元氣。因爲天人之間本質是相同的，都是由元氣兆始，可以彼此感通。如果凡息不停，胎息不現，就不能與天合二爲一，難以盜採天地的元陽靈氣。從耗散結構理論的觀點看，『盜天地之元氣』的主張頗似從宇宙中尋找合適的負熵源。」（北京：東方出版社，2006年12月，頁150）。

〔註72〕姜生、湯偉俠主編，《中國道教科學技術史‧漢魏兩晉卷‧第三十二章　光學知識》云：「淮南學派從元氣學說出發，認爲自然的陽光是一種精氣，它是熱的，能生成火，所謂『積陽之熱氣久者生火，火氣之精者爲日。』因『同氣相動』（《淮南子‧覽冥訓》），『故陽燧見日，則燃而爲火。』（《淮南子‧天文訓》）這實際上是一種『氣光說』，它很好地解釋了爲什麼陽燧這種凹面鏡能利用陽光取火的問題。……陽燧是我國古代常用的取火工具，其基本原理是將日光聚焦於一點而引燃物體。屬於聚光取火法。此法的創造需要有一定的光學和熱學知識，是人類科技水平發展到一定階段的產物。我國古代發明的聚光生火工具分爲反射鏡和透射鏡兩類，前者是利用金屬凹面鏡反射聚焦原理取火；後者是利用凸面透鏡的透射聚焦原理取火。古籍中的『陽燧』，一般指金屬反射凹面鏡。日光充足時，以凹面向日，以艾草等易燃物置於其焦點上，頃刻即燃。……在《淮南子》這種認識的基礎上，宋代沈括在《夢溪筆談》中進一步指出：『陽燧面窪，向日照之，光皆聚向內。離鏡一、二寸，光聚爲一點，大如麻菽，著物則火發。』這裡對鏡面焦點和焦距的描述已十分明確。《淮南子》和沈括的描述爲我們研究古代陽燧的光學性能提供了重要的參考。」（北京：科學出版社，2002年4月，頁722～723）。

〔註73〕劉一明《參同直指‧參同契箋注直指‧中篇》云：「修眞之道，全是盜天地虛無之氣，竊陰陽造化之權。《陰符經》曰：『其盜機也，天下莫能見，莫能

這種將「玄關一竅」當作盜奪先天一氣之器具的說法，頗符合《陰符經》中「爰有奇器」的說法。《陰符經》云：

> 是故聖人知自然之不可爲，因以制之。至靜之道，律曆所不能契。爰有奇器，是生萬象，八卦甲子，神樞鬼藏。陰陽相勝之術，昭昭乎，盡乎象矣。〔註74〕

歷來關於《陰符經》「爰有奇器」的註解中，以內丹學的角度詮釋，從人身中取象，筆者認爲夏元鼎《黃帝陰符經講義》是較符合丹道的說法。《黃帝陰符經講義‧卷三》曰：

> 金丹大道，其於一身有奇器焉，非必鑄冶也。偃月之爐、太一之竈，无內无外之鼎，至靈至聖之藥，是生萬象，皆出自然。洞賓謂：「一粒粟中藏世界，三升鐺內煮山川。」豈虛語乎？〔註75〕

又《黃帝陰符經講義‧圖說‧卷四》曰：

> 雲峯按：《陰符經》曰：「爰有奇器，是生萬象，八卦甲子，神跡鬼藏。」大哉言乎！人之一身，即一奇器也。萬象皆備，神鬼護持，可謂至貴。太上曰：「人身難得，中土難生。假使得生，正法難遇」是也。平叔曰「先立乾坤爲鼎器，次將烏兔藥來烹。」豈捨吾身之外而求乾坤於冥漠之表？取烏兔於日月之宮乎？是知奇器在乎身，萬象皆備於我。〔註76〕

知。』天下不見不知，方能盜之。若能見能知，則爲後天，而非先天。所修者，一己之陰，安能凝結聖胎，無中生有，形神俱妙耶？且如陽燧本無火，借日而即生火；方諸本無水，映月星而即得水。陽燧方諸，與日月相隔，不知幾萬餘里，而有無相感，即能通氣。何況先天之氣，近在我身，切在心胸，豈有不能感化者乎？其不能感化者，皆因陰陽不能和合之故。如果和合，則先天之氣，自虛無中來，一時辰內管丹成矣。蓋吾身之陽性陰情，如天上之日月；吾身之眞精元神，如日月之水火；吾身玄牝之門，如陽燧與方諸。玄牝立而性情通，性情通而精神旺，精神旺而金丹生。亦如陽燧取火，方諸取水，兩者相形，一物生焉。此無中生有之效徵也。」（載於：《道書十二種》，《藏外道書》八冊，頁303下～304上）。

〔註74〕李荃《黃帝陰符經疏》，《道藏》（三家本），第二冊，746上。關於爲何使用李荃《黃帝陰符經疏》這個版本的原因，請見於：拙著〈試論翁葆光《悟眞篇‧注》的內丹理論——以「煉己修性」之法爲討論核心〉一文中，頁96、註釋19的說明。（《成大宗教與文化學報》第20期，2013年12月，頁85～110）。

〔註75〕《道藏》（三家本），第二冊，頁730上。

〔註76〕《道藏》（三家本），第二冊，頁731下。

　　可以看出夏元鼎將「奇器」回歸到人體自身當中，認爲「奇器在乎身」。所以「奇器」不再指煉外丹時的鼎爐，而是指向內在化，必須往人身當中去尋覓——「人之一身，即一奇器」！另外，王文祿《陰符經疏略》中亦將「奇器」回歸人身當中來立論，並且明確的提出「奇器」即「玄牝」的說法。其云：

> 奇器，自然之道，總名也。猶橐籥、谷神、玄牝。至靜虛無，莫能見知。律曆不能契也。〔註77〕

　　綜合上述，「玄關一竅」（玄牝），即是人身當中盜奪先天一氣的器具。

　　盜奪「先天一炁」功法之「總綱領」，上述基本上已陳述梗概全貌。接著論述盜奪「先天一炁」的「細步驟」部份，有代表性的文獻如下：

　　1.《紫陽眞人悟眞篇注疏‧卷二》曰：「修丹之士，若欲以虎留戀龍之氣，必先驅龍就虎。然後二物氤氳，兩情交合，施功煆鍊，自然凝結眞一之精也。火即二弦之氣也。……聖人運動丹火，有神妙之功。不半時中，立得眞一之精，一粒如黍。」〔註78〕；又曰：「龍虎二弦之道交接，眞一之氣自結。……龍虎相交，在神室土釜之中，受火符運育，結成聖胎。」〔註79〕

　　2.《紫陽眞人悟眞篇注疏‧卷三》曰：「但將白虎擒龍，自有青龍制虎。二氣氤氳以產金丹。……此二八相當之同類，合而成親，則眞一之氣歸於交感穴中，凝成黍粒。……聖人以此二物，於一時之中，造化成一立陽丹。」〔註80〕；又曰：「萬卷仙經，至當歸一。莫不以龍虎二八初弦之氣爲丹之質。……二弦之氣在於恍惚之中、杳冥之內，絪縕相逢，磅礴相戀。」〔註81〕

　　3.《紫陽眞人悟眞篇注疏‧卷四》曰：「雄虎，乃虎之弦氣也，陰中之陽。……牝龍，乃龍之弦氣也，陽中之陰。……二物間隔，在東在西。媒者，黃婆使之交合，結爲夫婦，以產玄珠黃芽也。」〔註82〕；又曰：「驅龍則火汞飛揚，駕虎則水鉛閃鍊（爍），絪縕造

〔註77〕《藏外道書》三冊，頁656。
〔註78〕《道藏》（三家本），第二冊，頁923下。
〔註79〕《道藏》（三家本），第二冊，頁924中、925上。
〔註80〕《道藏》（三家本），第二冊，頁927中下、928上。
〔註81〕《道藏》（三家本），第二冊，頁930中、931中。
〔註82〕《道藏》（三家本），第二冊，頁935上中。

化，一粒黍米，先天氣成。……喻如龍虎合兩弦之氣而生丹也。」
〔註83〕；又曰：「龍虎合兩弦之氣而生丹也。」〔註84〕；又曰：「二
物能感化眞一之氣，結在太一爐中。」〔註85〕；又曰：「二弦皆有
氣而無質者也。……眞一子曰：無者，龍也。有者，虎也。無者，
汞氣也。有者，鉛氣也。無因有激之而有象，有因無感之而有靈。
故得黍珠懸空，紫霜耀日也。」〔註86〕

4.《紫陽眞人悟眞篇注疏・卷五》曰：「聖人窮神索隱，默知
金精氣旺之時，<u>一陽初動之際</u>，擒龍捉虎，布武施文，誘太一眞氣
歸斯鉛鼎交感之中宮，溫溫孕一黍珠，赫照光透簾幃，不半箇時辰，
立獲丹耳。」〔註87〕

5.《紫陽眞人悟眞篇注疏・卷七》曰：「雄裏雌乃龍之弦氣，汞
是也。陰抱陽乃虎之弦氣，鉛是也。二物交合，靈丹自生。」〔註88〕

6.《紫陽眞人悟眞直指詳說三乘秘要・強兵戰勝之術》曰：「夫
鍊金丹者，每以中秋初夜，一陽動時。……左擒龍而審定鼎弦，右
捉虎而精調火候。一文一武，交爭戰於玄門。一去一來，互鬪危於
牝戶。」〔註89〕

煉外丹需要「鼎器」與「藥物」這兩項基本東西。「鼎器」的功用是盛載、
承接「藥物」，「藥物」則需要「鼎器」才能貯存、烹煉。同理，從煉內丹的
角度出發，此處的「鼎器」則可以譬喻象徵爲「玄關一竅」。「藥物」則譬喻
象徵爲「先天一炁」。前述曾言：「玄關一竅」是人身當中盜奪「先天一炁」
的器具。「先天一炁」則必須在「玄關一竅」中烹煉才能成就黍粒金丹。因爲
「玄關一竅」中包含有「眞陰眞陽」二氣，所以利用同類相吸的原理去招攝
虛空中包含有「龍虎二弦之氣」之「先天一炁」。

接著，要詢問的是：這「先天一炁」中的「龍虎二弦之氣」是如何作用
的？它的細部內容是什麼？關於這個部份，筆者認爲此處牽涉到內丹修煉實

〔註83〕《道藏》（三家本），第二冊，頁935中下。
〔註84〕《道藏》（三家本），第二冊，頁935下。
〔註85〕《道藏》（三家本），第二冊，頁937中下。
〔註86〕《道藏》（三家本），第二冊，頁938下～939上。
〔註87〕《道藏》（三家本），第二冊頁946中。
〔註88〕《道藏》（三家本），第二冊，頁957中。
〔註89〕同上，頁1021中下。

踐者的親身經歷與體驗，所以以一個內丹學研究者的角度來說，可能僅能觀其宮牆而無法登堂入室。但筆者認為從翁氏《悟眞篇‧注》中的文獻資料，還是可以歸納出一個大致的輪廓來。這個「細步驟」的內容是：

首先，在「龍虎二弦之氣」中，如果以陰陽的性質來說，「龍之弦氣」是屬於「陽中之陰」，「虎之弦氣」則是「陰中之陽」（龍之弦氣也，陽中之陰。虎之弦氣也，陰中之陽；雄裏雌乃龍之弦氣，陰抱陽乃虎之弦氣）。此時，以「眞意、元神」（即眞土、黃婆）驅使「陽中之陰」的龍之弦氣去親近、接觸「陰中之陽」的虎之弦氣（驅龍就虎；二物間隔，在東在西。媒者，黃婆使之交合，結爲夫婦，以產玄珠）。如此，這個性質極端相異的「龍虎二弦之氣」將會發生類似雲煙瀰漫、相互交感融合的狀態而結成黍珠靈丹（二物氤氳，兩情交合，施功煅鍊，自然凝結眞一之精；龍虎二弦之道交接，眞一之氣自結；二弦之氣在於恍惚之中、杳冥之內，絪縕相逢，磅礴相戀；驅龍則火汞飛揚，駕虎則水鉛閃鍊（爍），絪縕造化，一粒黍米，先天氣成）。如果以「鉛汞」而論，「龍之弦氣」則是代表「汞」，「虎之弦氣」則是屬於「鉛」。如果以「有無」的概念來說，「龍之弦氣」代表是「無」，「虎之弦氣」則是「有」。「龍虎二弦之氣」發生作用的情形，即是將屬於「無」的汞氣去交合相接屬於「有」的鉛氣。因爲「無」與「有」的相互激盪、交感，因而有象、有靈（無因有激之而有象，有因無感之而有靈）地在「玄關一竅」中結合感化「先天一炁」（龍虎二弦之道交接，眞一之氣自結；二物能感化眞一之氣，結在太一爐中）。

其次，「先天一炁」中的「龍虎二弦之氣」除了本身「氤氳交合」外，也受到了「玄關一竅」中「眞陰眞陽」二氣的影響。易言之，因爲「玄關一竅」中「眞陰眞陽」二氣的牽引與招攝，方能使存在於虛空中的「先天一炁」下降並攝受到修煉者之「玄關一竅」中。也就是說，攝受到「玄關一竅」中之「龍虎二弦之氣」除了自身異質互斥又互攝的性質主因外，亦受到「玄關一竅」中本有的「眞陰眞陽」子氣的助緣影響（此二八相當之同類，合而成親，則眞一之氣歸於交感穴中，凝成黍粒）。

最後，內丹修煉者是在什麼時機下進行盜奪「先天一炁」？翁氏《悟眞篇‧注》中的答案是：「金精氣旺之時，一陽初動之際」！「一陽初動之際」的時間，翁氏《悟眞篇‧注》中僅有「中秋初夜，一陽動時」的說法。此處筆者來作補闕：其實丹家還存在著「年、月、日」的時間說法。其內容是以《周易參同契》「十二消息卦」中之「坤復之間」爲論述焦點，認爲「坤復之

間」卦象象徵一陽初生，亦類比地表示人體內陽氣之初生增長。此外，「坤復之間」用類比的方式，一年則是「冬至」之時，一月則是「晦朔之間」，一日則稱「亥末子初」。易言之，就「天道」來說，「坤復之間」指冬至陰氣已極，陰極陽生，陽氣在小雪日潛藏於六陰坤卦之下，至冬至而陽氣形成變爲一陽復卦。以「丹道」言之，此時坤腹（丹田）有一點元陽（元氣）產生，正是內丹修煉產藥的時機。所以，「坤復之間」爲內丹產藥之川源。此外，甚至還有不拘泥於年、月、日時間之「活子時」說法（不拘泥於天地大宇宙的子時，追尋人體自身小宇宙的活子時）！〔註90〕

總之，「一陽初動之際」，即是「先天一炁」流入、攝受至「玄關一竅」中的時機，也正是「玄關」開竅之時。此時元神作用，利用玄關中的眞陰眞陽二氣將所攝受之先天一氣中的龍虎二弦之氣，互攝交感、交融、凝煉而成一黍之珠（即「金丹」）。

此外，爲何「玄關一竅」中的「眞陰眞陽」含有「先天一炁」的特質？易言之，即人身中爲何會潛藏有先天眞一之氣？關於這個問題牽涉到「生身受氣初」之「原始祖氣」的內容。不過，翁氏《悟眞篇・注》中對於這部份的內容是闕而弗錄的！因此，筆者此處將引用其他的內丹資料來作補苴罅漏的工作。

《碧虛子親傳直指》云：

> 凡男子四大一身皆屬陰，惟先天一氣是陽。此氣非呼吸吹噓之氣，亦無形影可見。古云：「見之不可用，用之不可見。」此氣未受形之先，在胎中先受此氣。後生兩腎、兩目，由此生心、肝、脾、肺，九竅、四肢，次第而成，人象具足。此氣正在空虛之間，名玄牝之門。先師〈玄牝歌〉自可詳見。今世人宰豬羊，見兩腎之間、腰脊去處，有一空膜，之中有氣，呼吸彭亨，直至肉冷方息者是也。此氣生則氣血全盛，魂魄相爲，內含五彩，暖氣如湯。如人死氣血一散，而此竅餒矣。此氣便是金丹大藥。〔註91〕

俞琰《周易參同契發揮・卷五》云：

〔註90〕詳細論述見於拙著：《道教丹道易學研究——以《周易參同契》與《悟眞篇》爲核心的開展》〈第二章・丹道易學之界定與範圍　第二節「丹道」、「易道」及「天道」〉（國立臺灣師範大學國文所博士論文，2005年7月，頁37～51）。

〔註91〕《道藏》（三家本），第四冊，頁219上。

且人之未生也，居母之腹，隨母呼吸，無視無聽，惟有一息存焉。及其生也，剪去臍帶，則一點眞元之氣聚於臍下，日復一日，神出氣移，遂不復再守胎中之一息。今夫神仙修鍊之法，使人回光內照，呼吸太和，蓋將返本還源，而復歸於生身受氣之初也。許旌陽《醉思仙歌》云：內交眞氣存呼吸，自然造化返童顏。《靈源大道歌》云：千經萬論講玄微，命帶由來在眞息。〔註92〕

張三丰《玄機直講‧服食大丹說》云：

若是志人君子，實心爲命，掃盡旁門，重正心猿，重立志氣，低心下意，經魔歷難，苦求明師，窮取生身受氣初。初者，是元始祖氣，此氣含著一點眞陽眞陰。夫眞陽眞陰，產於天地之先、混元之始。這顆靈明黍米寶珠，懸在虛空，明明麗麗。但未有明師指破的人，如在醉夢相似，離此一著，都是旁門。此靈明寶珠，於虛空之中，包含萬象，潛藏萬有，發生萬物，都是這箇。〔註93〕

劉一明《象言破疑‧胎中面目》云：

人當父母未生身以前，男女陰陽二氣交感之時，杳冥之中有一點生機，自虛無中來，所謂先天眞一祖氣者是也。此氣入於精血之內，陶鎔精血，混而爲一，無形而即生形，無質而即生質，內而五臟六腑，外而五官百骸，變之化之，皆自然而成全，雖懷胎之婦，亦莫知其所以然也。後學不知此理，或疑人在胎中，臍帶通於母氣，母呼亦呼，母吸亦吸，漸次變化成形者，非也。夫呼吸之氣，乃後天之氣，後天之氣，焉能變化精血而成形？況呼吸之氣，焉能入於胞胎之中？殊不知母胎中，只有先天一點祖氣，渾渾淪淪，始而凝胎，既而養胎，終而全胎，始之終之，皆此祖氣成就之，別無加雜。〔註94〕

「生身受氣初」，初者，即是元始祖氣。此氣含著一點眞陽眞陰，即是產於天地之先、混元之始的「先天一炁」。人身當中所潛藏的先天一炁，是父母在交媾時由父精母血中所隱含的先天一炁所注入與形成的（生身受氣初）。易言之，父精母血中所隱含的先天一炁，是人身當中先天一炁的來源。〔註95〕

〔註92〕《道藏》（三家本），第二十冊，頁956上。
〔註93〕《藏外道書》五冊，頁473下。
〔註94〕《藏外道書》八冊，頁176下。
〔註95〕《梅華問答篇》曰：「藥物者，先天眞一之炁及精神魂魄意是也。其先天眞一之炁，自人受生時，得無極之至眞，由太極一判而來。天賦之一點，落入母

　　不過，這個人身當中的先天一炁的狀態是隱藏潛伏的。必須當修煉者的體內處於陰陽平衡的狀態以及心性處於澄明定靜的狀態，這個潛伏隱藏的先天一炁才會活化而發生作用。而這個身心處於平衡靜定的狀態，即是所謂「玄關」開竅之時。當玄關開竅之時，當中的「眞陰眞陽」二氣就能利用其所潛藏的先天一炁的特質，運用同類相吸相攝的原理去盜奪虛空中的「先天一炁」以作爲煉金丹的丹質。〔註96〕

之子宮，凝合父母之陰陽而成人。此天賦一點之命根，即先天眞一之炁，又謂太乙含眞之炁。凝結胎元之後，此一點在胎中自立太極。太極又化而爲陰陽，陰陽化生五行。其陰陽五行之精粹，凝集而爲精氣神，故此先天即隱寓於先（後）天之中。然其立根處總在臍中氣穴之內，是以臍中帝蒂之處，謂之祖竅，猶花之根，果之蒂也。及至十五六歲時，後天氣足，精實自開，見色迷心，觸根神蕩，而眞元遂破。自此先天之炁日漸虧損。然每日至亥子之交，身中陰陽二氣必然交合，一交則眞一之炁自生，生而化爲後天之精氣神，以資人用。故陰陽交合，眞元自生之時謂之活子時，所生之眞陽即所謂先天一炁是也。即於斯時採取此炁，行之以火候，烹之鍊之，不使其化後天，併可將身中之氣以及精神魂魄意混合而爲一家，俱化爲先天，即補還從前之虧損。日採而日補，補至充足，與未破身時無二，是謂之還丹，乃還我本來之眞元也。」（《藏外道書》十冊，頁642上）；沈文華《內丹生命哲學研究‧第三章　至命‧第一節　理解生命》曰：「先天氣分爲兩種，一爲父母初交時的一點元氣，一爲太虛中的元氣。可以這樣理解兩者的關係，在能量方面，前者爲能量的核心，後者爲後續的能量；在物質方面，前者爲命主，後者爲命養。」（北京：東方出版社，2006年12月，頁154）。

〔註96〕戈國龍《道教內丹學探微‧第三章　陰陽》曰：「陰陽交媾而入於虛無本體之境界，在內丹學中又被稱爲『玄關一竅』。玄關一竅不是一種人體中具體的部位，而是一種後天返先天的一種臨界狀態。……玄關一竅是陰陽交媾從後天到先天的臨界狀態，是進入本體性的超越境界而採取先天一氣的契機。一方面玄關一竅不是任何人體具體的部位，它不是純生理性的穴位；另一方面又在人體內有某種特殊性的功能效應，進入這種臨界狀態時好像體內的『玄竅』被打開了，它又不是純心理性的狀態，所以稱爲『玄關一竅』。……玄關一竅與『虛無』、『先天一氣』等有密切的關聯，它本身就是『自虛無中來』，又是採先天一氣的契機。玄關，是後天人體陰陽與先天本體相應的臨界狀態。……玄關一竅在『有』和『無』之間，是貫穿內丹學修煉始終的關鍵所在，是『神氣交媾之靈光』，是生理和心理相互作用的一種中間狀態。……玄關一竅是界於身心之間、主客之間、有無之間的一種臨界狀態。……玄關一竅理解爲陰陽交媾而現出先天本體性境界的臨界態，是採取先天一氣的契機。……因爲玄關一竅是一種身體內陰陽交媾出現的功能狀態，故可喻爲人體之一『竅』；因爲此狀態是進入虛無本體的臨界態，故極具『玄妙』之機，故稱『玄關』。進入這一臨界狀態，是內丹學修煉後天轉入先天的標志，是和宇宙負熵源溝通的契機，是返本還源目標的初步實現，故玄關一竅極其重要。」（四川：巴蜀書社，2001年8月，頁180～182）。

三、結　論

　　本論文主要是在「煉己修性」一文的基礎上，接續論述「玄關開竅」與「先天一氣」這兩個命題。

　　在「玄關開竅」的部份，筆者論述了何謂「玄關」？何謂「玄關開竅」？這兩個主題。其內容主要在說明「玄關」的六項意涵以及「先天陰陽」與「二八眞陰眞陽同類無情之物」這兩項。所謂「玄關開竅」，即是指內丹修煉者體內所潛藏的先天陰陽之子氣（即「眞陰」、「眞陽」）達至平衡與並重的狀態。易言之，當此「眞陰」、「眞陽」二氣在人體之中達到平衡與並重的狀態時，此時即是進入了「先天」的境地。在這個人爲複製的先天境界中，修煉者的「玄關」（玄牝）因爲體內「眞陰」、「眞陽」的平衡與並重而豁顯洞開。

　　在「盜奪先天眞一之氣」的部份，筆者則論述：一、何謂「先天眞一之氣」？二、「先天一炁」內包含有「龍之弦氣」與「虎弦之氣」；三、如何「盜奪先天眞一之氣」？易言之，這部分內容主要在論述爲何與如何要「盜奪先天眞一之氣」的理由與方法。所謂「先天一炁」，它源於道、虛，生於天地之先，混於虛無之中，恍惚杳冥，不可測度，但卻是化生萬物的生機之母。換言之，此處的「先天一炁」，在「宇宙生成論」中有著本源上萬物之母的性質。至於如何「盜奪先天眞一之氣」的方法，筆者將它分成「總綱領」與「細步驟」兩項內容。

　　「盜奪先天眞一之氣」的「總綱領」即是：「金丹以氣與類結而成之」這句話。換言之，內丹修煉者必須先明瞭與掌握「先天一炁」（氣）與「玄牝：二八同類之物」（類）這兩項內容。也就是說，修煉者運用「同類交感相應」的原理方法，以自身「玄關一竅」中之「眞陰眞陽」所含攝的先天一氣的特質，去吸引招攝（誘、擒、盜、奪、採）虛空中的先天眞一氣。易言之，虛空中的先天眞一氣，是所謂的「母氣」。自身「玄關一竅」中的先天一氣，則爲「子氣」。「同類交感相應」的原理方法就是以「子氣」去召喚、吸攝「母氣」。因爲先天眞一之氣中本含有「龍虎二弦之氣」，而人身「玄牝」（玄關一竅）中則含有「眞陰眞陽」二氣，利用同類相吸相攝的原理，即「龍虎二弦之氣」與「眞陰眞陽」二氣相吸相引，兩者互攝相招，以完成盜奪「先天一炁」至玄牝之中。

　　「盜奪先天眞一之氣」的「細步驟」的內容則是：首先，在「龍虎二弦之氣」中，如果以陰陽的性質來說，「龍之弦氣」是屬於「陽中之陰」，「虎

之弦氣」則是「陰中之陽」。此時，以「眞意、元神」驅使「陽中之陰」的
龍之弦氣去親近、接觸「陰中之陽」的虎之弦氣。如此，這個性質極端相異
的「龍虎二弦之氣」將會發生類似雲煙瀰漫、相互交感融合的狀態。如果以
「鉛汞」而論，「龍之弦氣」則是代表「汞」，「虎之弦氣」則是屬於「鉛」。
如果以「有無」的概念來說，「龍之弦氣」代表是「無」，「虎之弦氣」則是
「有」。「龍虎二弦之氣」發生作用的情形，即是將屬於「無」的汞氣去交合
相接屬於「有」的鉛氣。因為「無」與「有」的相互激盪、交感，因而有象、
有靈地在「玄關一竅」中結合感化「先天一炁」。其次，「先天一炁」中的「龍
虎二弦之氣」除了本身「氤氳交合」外，也受到了「玄關一竅」中「眞陰眞
陽」二氣的影響。易言之，因為「玄關一竅」中「眞陰眞陽」二氣的牽引與
招攝，方能使存在於虛空中的「先天一炁」下降並攝受到修煉者之「玄關一
竅」中。也就是說，攝受到「玄關一竅」中之「龍虎二弦之氣」除了自身異
質互斥又互攝的性質主因外，亦受到「玄關一竅」中本有的「眞陰眞陽」二
氣的助緣影響。

此外，為何「玄關一竅」中的「眞陰眞陽」含有「先天一炁」的特質？
易言之，即人身中為何會潛藏有先天眞一之氣？關於這個問題牽涉到「生身
受氣初」之「原始祖氣」的內容。不過，翁氏《悟真篇·注》中對於這部份
的內容是闕而弗錄的！因此，筆者本文則引用其他的內丹資料來作補苴罅漏
的工作。

最後，本篇論文只討論到煉「金丹」的過程，至於煉「金液還丹」的內
容，將在敝人的另一篇文章中做討論。〔註97〕

引用資料

1. 翁葆光註、陳達靈傳、戴起宗疏《紫陽眞人悟眞篇注疏》《道藏》（三家
   本），第二冊，上海書店，1994年。
2. 翁葆光《紫陽眞人悟眞直指詳說三乘秘要》《道藏》（三家本），第二冊。
3. 翁葆光《悟眞篇注釋》《道藏》（三家本），第三冊。
4. 夏元鼎《黃帝陰符經講義》《道藏》（三家本），第二冊。

〔註97〕段致成（2016），〈試論翁葆光《悟眞篇·注》的內丹理論——「金液還丹」
    以為討論核心〉，《台灣宗教學會年會第9屆學術研討會論文集》，台北：政大
    宗教研究所。另刊於：《成大宗教與文化學報》，23期（2016年12月，頁89
    ～124）。

5. 李筌《黃帝陰符經疏》《道藏》（三家本），第二冊。

6. 龍眉子《金液還丹印證圖》《道藏》（三家本），第三冊。

7. 《碧虛子親傳直指》《道藏》（三家本），第四冊。

8. 俞琰《周易參同契發揮》《道藏》（三家本），第二十冊。

9. 王文祿《陰符經疏略》《藏外道書》三冊。

10. 張三丰《玄機直講》《藏外道書》五冊。

11. 劉一明《參同直指‧參同契直指箋注》，收載於：《道書十二種》，《藏外道書》八冊。

12. 劉一明《象言破疑》，收載於：《道書十二種》，《藏外道書》八冊。

13. 劉一明《修眞辨難》，收載於：《道書十二種》，《藏外道書》八冊。

14. 劉一明《修眞後辨》，收載於：《道書十二種》，《藏外道書》八冊。

15. 《梅華問答篇》《藏外道書》十冊。

16. 王沐《悟眞篇淺解》北京：中華書局，1990 年 10 月。

17. 柳存仁〈張伯端與悟眞篇〉，收載於：《和風堂文集‧中冊》，上海古籍出版社，1991 年 10 月，頁 786～808。

18. 卿希泰著《續‧中國道教史史綱》四川人民出版社，1999 年 8 月。

19. 郝勤《龍虎丹道——道教内丹術》四川人民出版社，1994 年 7 月。

20. 趙立綱主編《歷代名道傳》山東人民出版社，1996 年 1 月。

21. 胡孚琛、呂錫琛著《道學通論——道家‧道教‧丹道（增訂版）》，北京：社會科學文獻出版社，2004 年 6 月。

22. 張廣保《唐宋内丹道教》，上海文化出版社，2001 年 1 月。

23. 戈國龍《道教内丹學探微》，四川：巴蜀書社，2001 年 8 月。

24. 沈文華《内丹生命哲學研究》，北京：東方出版社，2006 年 12 月。

25. 姜生、湯偉俠主編，《中國道教科學技術史‧漢魏兩晉卷》，北京：科學出版社，2002 年 4 月。

26. 黃紅兵〈翁葆光的《悟眞篇注》思想及其影響〉，《宗教學研究》，2011 年第 3 期，頁 57～64。

27. 段致成《道教丹道易學研究—以《周易參同契》與《悟眞篇》爲核心的開展》國立臺灣師範大學國文所博士論文，2005 年 7 月。

28. 段致成〈試論張伯端法脈傳人與「南宗」法脈的定義〉，《成大宗教與文化學報》第 19 期，2012 年 12 月，頁 23～56。

29. 段致成〈試論翁葆光《悟眞篇‧注》的内丹理論——以「煉己修性」之法爲討論核心〉，《成大宗教與文化學報》第 20 期，2013 年 12 月，頁 85～110。

伍、試論翁葆光悟眞篇注的內丹理論
——以九轉金液還丹與佛教禪學
爲討論核心

一、前　言

　　翁葆光認爲「金丹大藥的次第」可分爲（1）「金丹」（2）「金液還丹」（3）「九轉金液還丹」三個部分。〔註1〕本論文則是把焦點集中在探討「金丹大藥的次第」之第三部份——九轉金液還丹。至於關「佛教禪宗」的論述，則是因爲在「九轉金液還丹」的內容中牽涉到「最上一乘丹法」這個命題。而這個命題則與「佛教禪學」產生關聯。〔註2〕

〔註1〕翁葆光（1994）《紫陽眞人悟眞篇注疏・序》，《道藏》（三家本）第二冊（上海：上海書店），頁913上中。關於「金丹」與「金液還丹」的研究內容，請參考：段致成（2013），〈試論翁葆光《悟眞篇・注》的內丹理論——以「煉己修性」之法爲討論核心〉，《成大宗教與文化學報》，20，頁85～110）；拙著（2015），〈試論翁葆光《悟眞篇・注》的內丹理論——以「玄關開竅」與「先天一氣」爲討論核心〉，《成大宗教與文化學報》，22，頁 109～158）；拙著（2016），〈試論翁葆光《悟眞篇・注》的內丹理論——以「金液還丹」爲討論核心〉，《台灣宗教學會年會第9屆學術研討會論文集》（台北：政大宗教研究所）。

〔註2〕關於翁葆光《悟眞篇・注》中「最上一乘丹法」這個命題與「佛教禪宗」之所以產生關聯的原因，筆者將在本文正文中論述。不過，我們早從張伯端《悟眞篇》中，就可以看出「最上一乘丹法」與「佛教禪宗」產生關聯性。詳細的論述見於：段致成（2005），《道教丹道易學研究——以《周易參同契》與《悟眞篇》爲核心的開展》〈第七章　張伯端的丹道易學思想・第二節　張伯

在「九轉金液還丹」的部份，筆者將採用先做名詞解釋的分述方式，再作整體功法綜述之文獻詮釋方式來論述。而在「最上一乘丹法與佛教禪學的關係」部分，將分別論述「與佛教禪學的關連」以及「翁葆光對佛教禪學的評論」這兩項內容。

二、翁葆光內丹修煉理論：「九轉金液還丹」

「九轉金液還丹」一詞，與前述「金液還丹」相同，原先皆是外丹學的術語。葛洪在《抱朴子內篇‧卷四‧金丹》中就曾有「九轉還丹」之說，其云：

> 一轉之丹，服之三年得仙。二轉之丹，服之二年得仙。三轉之丹，服之一年得仙。四轉之丹，服之半年得仙。五轉之丹，服之百日得仙。六轉之丹，服之四十日得仙。七轉之丹，服之三十日得仙。八轉之丹，服之十日得仙。九轉之丹，服之三日得仙。若取九轉之丹，內神鼎中，夏至之後，爆之鼎熱，內朱兒一斤於蓋下。伏伺之，候日精照之。須臾翕然俱起，煌煇煌煇，神光五色，即化為還丹。取而服之一刀圭，即白日昇天。又九轉之丹者，封塗之於土釜中，糠火，先文後武，其一轉至九轉，遲速各有日數多少，以此知之耳。其轉數少，則用日多，其藥力不足，故服之用日多，得仙遲也。其轉數多，藥力成（盛），故服之用日少，而得仙速也。〔註3〕

而《雲笈七籤‧六四‧金丹訣》中，亦有「金液」與「九轉神丹」之說。〔註4〕又《雲笈七籤‧六七‧金丹部》中，也有「九轉丹名」與「九轉丹遲速効驗」之說。〔註5〕

可以看出上述外丹學中「九轉金液還丹」的命名，是依據燒煉過程的操作程序次數（九轉）與產生的反應現象（煌煇煌煇，神光五色，即化為還丹）而命名。〔註6〕易言之，此處所謂「九轉」，即是金丹經歷反覆燒煉之意。而

端的內丹理論與「禪宗」的關係〉（台北：臺灣師範大學國文所博士論文，頁219～223）。

〔註3〕《道藏》（三家本），第二十八冊，頁184下～185上。

〔註4〕《道藏》（三家本），第二十二冊，頁447上～448上。

〔註5〕《道藏》（三家本），第二十二冊，頁466中～467下。

〔註6〕唐梅彪《石藥爾雅‧卷下》中，曾集錄「載諸有法可營造丹名」、「釋諸丹中有別名異號」、「敘諸經傳歌訣名目」、「顯諸經記中所造藥物名目」與「論諸

且燒煉的時間越長久，轉數（反覆次數）越多，其藥力越足，丹藥越珍貴，服之成仙越快。

內丹學談論「九轉還丹」較有內容者，則是始於唐張果的《參同契中篇》中的「九轉還丹」之說（一轉：白雪、二轉：二氣、三轉：黃芽、四轉：四神、五轉：白馬芽、六轉：玉液、七轉：靈砂、八轉：神砂、九轉：金砂）。〔註7〕不過，張果的「九轉還丹」之說，也僅是陳述九項還丹內容，關於每一轉彼此間的邏輯連接性則並未著墨。翁葆光內丹修煉理論之「金丹大藥的次第」（金丹 → 金液還丹 → 九轉金液還丹），每一次第間是較有邏輯連接性的。在完成「金液還丹」的煉製後，接著就是進入「九轉金液還丹」階段。關於翁氏「九轉金液還丹」的定義與內容，我們先來分析「翁葆光《悟眞篇‧注》」〔註8〕中的相關文獻，由文獻資料來獲取答案。翁葆光《悟眞篇‧注》中關於「九轉金液還丹」的記載，經筆者爬梳歸納後，有代表性的共有八段文獻。如下：

1、《紫陽眞人悟眞篇注疏‧序》曰：「形化氣矣！然後抱元九載，鍊氣成神，以神合道，故得形神俱妙，升入無形，與道合眞而不測，是以神性形命俱歸於究竟空寂之本源也。」〔註9〕

2、《紫陽眞人悟眞篇注疏‧序》曰：「（金液還丹）徐徐嚥下

大仙丹有名無法者」等五項內容，說明金丹（外丹）的命名（諸丹所有別名奇方異術之號）之「有法可營造者」條列及「無法難作之流」具名。（《道藏》（三家本），第十九冊，頁64上～66上）。

〔註7〕《道樞‧卷三十三‧參同契中篇》（《道藏》（三家本），第二十冊，頁782下～783中）。

〔註8〕此處所謂「翁葆光《悟眞篇‧注》」一詞，嚴格來說即是指現存翁葆光註解《悟眞篇》的著作（1）宋翁葆光註、陳達靈傳、元戴起宗疏《紫陽眞人悟眞篇注疏》八卷（《道藏》（三家本），第二冊，頁910～968）中之翁註。簡稱：「翁註戴疏本」之翁註；（2）宋翁葆光註《悟眞篇注釋》三卷（《道藏》（三家本），第三冊，頁1～32）。簡稱：「翁註釋本」。

另外，因爲翁葆光還有其他兩種著作：（1）宋‧翁葆光撰《紫陽眞人悟眞直指詳說三乘秘要》一卷（《道藏》（三家本），第二冊，頁1019中～1030上）；（2）宋‧翁葆光撰《紫陽眞人悟眞篇拾遺》（《道藏》（三家本），第二冊，頁1030中～1033下）；所以如果以寬鬆的視角來說，「翁葆光《悟眞篇‧注》」一詞，筆者認爲還應包含上述兩種著作。

以上關於「翁葆光《悟眞篇‧注》」一詞定義的詳細說法見於：拙著〈現存南宋金元時期《悟眞篇》註本分析與「悟眞學」的提出與定義〉一文。

〔註9〕《道藏》（三家本），第二冊，頁912中。

丹田，結成聖胎，<u>十月胎圓火足</u>，即脫胎沐浴，化爲<u>純陽之軀</u>，而無飢渴寒暑之患，刀兵虎兕之不能傷，而爲<u>陸地神仙</u>。方始投於靜僻之地，兀兀<u>面壁九年</u>，以空其心，謂之<u>抱一</u>。九年行滿，<u>形神自然俱妙</u>，<u>性命雙圓</u>，<u>與道合眞</u>，變化不測矣，此名<u>九轉金液大還丹</u>也。丹雖分三，道實一揆。必自小而中，自中而大，此修丹入道之次序也。余故分爲三卷：上卷以鍊金丹，爲強兵戰勝之衛。中卷以運火金液還丹，爲富國安民之法；下卷以九轉大還丹，爲神仙抱一之道。謂之三乘大法，以應《陰符經》之正義，此乃無上無極上品天仙之甲科，至眞之妙道也。」〔註10〕

3、《紫陽眞人悟眞篇注疏‧卷三》曰：「（丹餌）然後復依此進退，陰符陽火，運用抽添，防危慮險，<u>十月功圓</u>，剝盡群陰，<u>體化純陽</u>，跳出塵籠壽萬年也。此方爲金液還丹也，尚未能入妙，更<u>抱一九載</u>，使氣歸神，方爲<u>九轉金液大還丹</u>也。於斯時也，<u>形神俱妙</u>，<u>與道合眞</u>矣。」〔註11〕

4、《紫陽眞人悟眞篇注疏‧卷五》曰：「鍾離公曰：丹熟不須行火候，更行火候又傷丹。只宜保守無虧損，渴飲飢餐困則眠。更能<u>明心見性</u>，<u>面壁九年</u>，斯道愈弘矣。」〔註12〕

5、《紫陽眞人悟眞篇注疏‧卷七》曰：「九轉，九年也，在<u>十月胎圓</u>，脫胎之後。……然欲修成九轉，先須運火十月，依時探取，以定浮沉，以分賓主。守雌而不雄，方免危殆，自然形化爲氣，氣化爲神，<u>抱元守一</u>，<u>九載功成</u>，<u>形神俱妙</u>，<u>與道合眞</u>，聖人強名曰九轉金液大還丹也。」〔註13〕

6、《紫陽眞人悟眞篇注疏‧卷八》曰：「金丹能化有形入於無形，故能變化無窮，隱顯莫測。若能兼以<u>識心見性</u>，遣其幻妄，以廣神通，則<u>性命之道雙圓</u>，<u>形神俱妙</u>，則斯道愈弘矣。迥超無漏，而爲金剛不壞之軀，乃無上之大道也。」〔註14〕

〔註10〕 《道藏》（三家本），第二冊，頁913上中。
〔註11〕 《道藏》（三家本），第二冊，頁929上中。
〔註12〕 《道藏》（三家本），第二冊，頁942中。
〔註13〕 《道藏》（三家本），第二冊，頁955中。
〔註14〕 《道藏》（三家本），第二冊，頁967上。

7、《紫陽眞人悟眞直指詳說三乘秘要·悟眞直指詳說》曰：
「苟非明心見性，則亦莫能臻於抱一之妙也。抱一既妙，則性命之
道至矣，不可復有以加矣。……惟於自己胸中，自悟自明，方能盡
其性道，而得所謂最上第一乘者也。……最上第一也，上無所上，
一無所一而已。學者倘達師旨，手握天機，煅鍊神丹，脫胎換骨，
更無明心達本，了悟眞空，直超最上之乘，徑入無爲之境，則形神
俱妙，性命交圓。」〔註15〕

8、《紫陽眞人悟眞直指詳說三乘秘要·神仙抱一之道》曰：「夫
神仙抱一之道者，乃聖人運火功圓之時也。形化純陽之氣者，身投
僻陋之隅，面壁九年，抱一以空其心，心定神化，與道冥一。讚曰：
道爲性命，本性是心源。心性同體，變化無邊。百姓日用，亦曰自
然。若能了悟，忘象忘言。虛心實腹，抱一而還。功成九轉，乃得
神仙。此其旨也。夫九轉者，九年也，九乃陽之極數也。一者，道
之強名也。抱者，抱無所抱也。神仙當此之時，墮肢體，黜聰明，
離凡聖，齊物我，毋固毋必，無取無捨，心鏡如一，逍遙自在，故
得泰定，發乎天光。」〔註16〕

首先，翁葆光內丹修煉理論在完成先前「金液還丹」的次第階段時，修煉
者所產生的效驗（身心變化與境界）是：當將「金液還丹」徐徐呑嚥至下丹田
時，就結成所謂「聖胎」〔註17〕。類比於母體懷胎十月，當經歷十月火候的凝
煉與「沐浴」（由聖胎萌孕至十月胎圓這段期間的文火溫養與靜養）〔註18〕，體

〔註15〕 《道藏》（三家本），第二冊，頁1021中。
〔註16〕 《道藏》（三家本），第二冊，頁1022中。
〔註17〕 所謂「聖胎」，又稱爲嬰兒。這是個比喻說法，以母體懷胎比喻精、氣、神三
者所凝煉而成之丹。劉一明《象言破疑·卷下·凝結聖胎》曰：「聖胎者，聖
人之胎。即無識無知，嬰兒本面。……聖胎無形無質，雖名爲胎，而實無胎
可見，所云胎者，不過形容眞靈凝結不散耳。」（載於：《道書十二種》，《藏
外道書》八冊【成都：巴蜀書社】，頁200下）；王沐（1997），《悟眞篇淺解·
卷中·注五》云：「內丹稱胎兒，稱聖胎，皆屬象徵詞彙，其實并非結胎，
乃以女性十月懷胎，比喻十月功成。實際所謂胎兒，不過精氣神的凝結，成
爲純陽之氣，在煉氣化神中煉成陽神而已。」（北京：中華書局），頁104。
〔註18〕 筆者認爲此處所謂「沐浴」，是指當聖胎產生至十月胎圓這一期間，由於聖胎
此時處於萌孕長養的階段，需要時間孕育，所以必須在這個時期進行文火溫
養與靜養，待聖胎經歷十月長養圓成而成胎圓的狀態。易言之，由聖胎萌孕
至十月胎圓這段期間的文火溫養與靜養，就是所謂「沐浴」。劉一明《象言破

內羣陰剝盡而陽純，則聖胎就圓滿功成，此時即是所謂「十月胎圓」〔註19〕。
當十月胎圓後，即刻進行「脱胎」（移陽神入上丹田，又稱移胎）〔註20〕。此時

疑・卷下・十月胎圓》曰：「聖胎凝結之後，必須防危慮險，沐浴溫養，期必
至於圓成無虧而後已。」（載於：《道書十二種》，《藏外道書》八冊，頁 201
上）；劉一明《象言破疑・卷上・太空虛無》曰：「聖胎凝結，再加十月溫養
之功，運天然眞火，熏烝烹煉，由微而著，由嫩而堅，群陰剝盡，胎圓丹成。」
（載於：《道書十二種》，《藏外道書》八冊，頁184 下）。

〔註19〕　《紫陽眞人悟眞篇注疏・卷三》曰：「嬰兒者，即丹也。丹是一，一是眞一之
氣。……言含眞一之氣，如人懷胎十月滿足，然後降生聖胎，亦如之十月功圓，
自然神聖，故曰十月胎圓入聖基。」（《道藏》（三家本），第二冊，頁 931 上）；
「胎圓」，指剝盡群陰，而成純陽之聖胎圓滿功成的狀態。劉一明《象言破疑・
卷上・太空虛無》曰：「聖胎凝結，再加十月溫養之功，運天然眞火，熏烝烹
煉，由微而著，由嫩而堅，群陰剝盡，胎圓丹成，瓜熟蒂落，忽的打破混沌，
迸出清淨法身。」（載於：《道書十二種》，《藏外道書》第八冊，頁 184 下）；
劉一明《象言破疑・卷下・十月胎圓》曰：「十月胎圓，乃神全氣足，根塵拔
去，客氣消化，陰盡陽純之象；猶如婦人懷胎，十月方能成全。丹道以十月胎
圓喻之者，取其聖胎凝結之後，必須防危慮險，沐浴溫養，期必至於圓成無虧
而後已，非以十月爲定期也。……修眞之道，自採藥烹煉結丹結胎，以至道成
脱化，要費無限功力，豈可以十月爲期？可知十月乃象言耳。」（載於：《道書
十二種》，《藏外道書》第八冊，頁 201 上）；《伍眞人丹道九篇・守中第七》云：
「曰胎圓確證，尚冀詳明。曰：數月以前，二炁俱無，食脈兩絕，已有明徵矣。
是以無論在十月關內，十月關外，但有一毫昏沉之意，餘陰尚在。有一毫散亂
之念，神未純陽。必須守到昏沉盡絕，散亂俱無之詣，方爲純陽果滿之胎神，
而已入於神仙之域矣。」（《藏外道書》第五冊，頁 873 上）。

〔註20〕　此處所謂「脱胎」，並不是傳統的脱殼出陽神，而是移陽神入上丹田。《天仙
金丹心法・脱本胎》云：「脱胎者，是胎化爲神，非遷上宮出天門之謂也。
但胎有由脱，出定是問，定既出矣，神斯成焉。神成，而形雖三寸，鬚眉體
格，畢肖我形，故曰身外身也。」（《藏外道書》第 25 冊，頁 649 上）；劉一
明《象言破疑・卷下・嬰兒出現》曰：「嬰兒出現，聖胎脱化之謂。聖胎者，
色身中又懷一法身也；脱化者，色身中又生出一法身也。因其色身中又生出
一法身，如凡婦十月懷胎生出一嬰兒，故以法身名嬰兒。嬰兒出現，身外有
身。」（載於：《道書十二種》，《藏外道書》第八冊，頁 201 下）。
　　所以，此處「脱胎」又可稱爲「移胎」。所謂「移胎」，就是移陽神入上丹田。
王沐（2008），《内丹養生功法指要・中編・丹道功法綱要》曰：「大周天則
是由有爲過渡到無爲階段，化炁爲神，使二化爲一，使元神純陽可以出景。
此大周天階段，又喻爲養胎，蓋入十月關後大周天功夫，實際即是入定功夫
也。」（北京：東方出版社），頁 163；又曰：「定者，性功也，除妄念，除知、
情、意。忘念不生，知情意不起，内不見身心，外不見世界，則節候純陽，
神歸大定，於是定能生慧，有六通之證驗，收胎圓之結果。迨出神之景驗一
至，即準備移陽神入上丹田。」（同上），頁 165；又曰：「十月功夫完成，神
已純全，胞亦滿足，必不可久留於胎，則宜用遷法由下中田遷於上丹田（泥

修煉者形體轉化爲「純陽之軀」（剝盡群陰，體化純陽）〔註21〕，沒有生理上的飢渴之感，也不畏懼寒暑季節之更替，而成就「陸地神仙」。

　　其次，當「金液還丹」的功法與效驗達成後，此時修煉者應當擇選投身於一靜僻之地，「面壁九年」以空其心，這樣就是所謂的「抱一（元）」。這九年期間主要是讓修煉者由「煉炁化神」階段晉升至「以神合道」的境地。當九年功行圓滿（「抱一九載」）後，就會產生「形神俱妙」的效驗。此時修煉者處於「明心見性」與「性命雙圓」的狀態，此階段即是內丹學所說的「與道合眞」、「最上一乘」丹法！

　　筆者認爲上述關於「九轉金液還丹」功法的概述中，可以看出牽涉到「面壁九年」、「抱一」、「抱元九載」、「鍊氣成神」、「以神合道」、「形神俱妙」、「明心見性」、「性命雙圓」、「與道合眞」、「最上一乘」等內丹學的基本名詞術語。所以筆者在概述「九轉金液還丹」的功法後，將準備以分述方式先做名詞解釋，用其他相關資料來進行補充說明這些基本名詞術語。藉著解釋這些名詞術語，可以讓我們更加地明瞭「九轉金液還丹」功法之具體內容意涵。之後再作整體功法綜述之文獻詮釋方式來總結「九轉金液還丹」功法的內容。名詞解釋分別論述如下：

1、面壁九年

　　「面壁九年」，又稱九年面壁。即面壁坐禪九年。爲禪宗初祖菩提達摩之故事。菩提達摩於梁武帝普通元年（西元520）泛海至金陵。與帝語，機不契，遂自梁折蘆渡江，至洛陽。棲止於嵩山少林寺，終日面壁而坐，達九年之久。（神僧傳卷四）〔註22〕；此處是取達摩面壁九年的典故。敘述內丹修煉於煉

丸宮），將上丹田化成一虛空之大境，以陽神寂照於上田。但此時陽神尚未壯健，必須加以存養、乳哺。此際十月關功夫已經完成，移至上丹田後，即將向九年關過渡。」（同上），頁166。

〔註21〕所謂「純陽之軀」，指通過內丹修煉，修煉者能剝盡體內陰氣，由後天返回先天，而成就純陽之體。《紫陽眞人悟眞篇注疏‧卷三》曰：「眞一之黍，吞歸五內，運火十月，鍊盡羣陰，化爲純陽眞一之仙。」（《道藏》（三家本），第二冊，頁926下）；《紫陽眞人悟眞篇注疏‧卷五》曰：「金液還丹所以有象者，蓋自冬至住一陽火，逐陽而生金液之質。夏至進陰火，剝至十月，還丹始熟。脫胎神化爲純陽之仙。」（《道藏》（三家本），第二冊，頁940中）；劉一明《象言破疑‧卷下‧十月胎圓》曰：「十月胎圓，乃神全氣足，根塵拔去，客氣消化，陰盡陽純之象。」（載於：《道書十二種》，《藏外道書》第八冊，頁201上）。

〔註22〕上述說法，見於：星雲大師（1989）《佛光大辭典‧第1冊‧九年面壁》（北

神還虛階段，要求修煉者心志專一而神凝，無一毫滓質之物。易言之，即心神入於定靜常寂而聚煉元神的無爲性功，稱面壁。九年，九還之義。即指九轉大還丹功法。《梅華問答篇》曰：「慧徹曰：古人有入圜溫養，九年面壁之功，有是理乎？雷師曰：此是先修命，後修性，方用如此。蓋恐性學不純，命功仍有疎虞之故耳！悟元子云：九年者，九還之義。面壁者，不是定坐，乃用志不分，凝神之謂。期無一毫渣滓，如萬仞壁立於前，一無所見，萬法歸空，靜養嬰兒胎化也。先師云：此功行於還結養圓之後。」〔註23〕；劉一明《修眞辨難・卷上》曰：「問曰：九年面壁之功，必九年靜坐乎？答曰：非也。所謂九年者，即九還之義。面壁者，不是定坐，特用志不分，乃凝於神，而期於無一毫滓質之物。如壁立萬仞於前，一無所見，萬法歸空之意。乃靜養嬰兒，脫化陽神之一著，非旁門靜坐止念，面壁存神，以九年爲九轉也。」〔註24〕；李涵虛《道竅談・後天次序第七章》曰：「面壁九年，謂之煉神還虛。面壁者，目中如萬仞當前，紅塵不到，並非面壁枯坐也。九年者，九轉也。九轉功深，千百億化身也。」〔註25〕、《道竅談・藥物相類第九章》曰：「面壁了命者，養陽砂也。要使形神俱妙，眞教粉碎虛空，斯能變化無窮耳。九年者，九轉大還之意也。」〔註26〕

2、抱一與抱元九載

此處的「抱一」即「抱元」也。根據《說文解字》的說法，「元」，會意，從「二」（上）以示頭部，「儿」即古「人」字，指人頭，引申而有初始義。「抱一」，即抱道守一。一即道也。《老子》曰：「載營魄抱一，能無離乎？」（10章）、《老子》曰：「是以聖人抱一爲天下式」（22章）

內丹學中的「一」，從煉養的角度來看，指的是守中抱一。此「中」與「一」即是指「玄牝之門」。《性命圭旨・安神祖竅翕聚先天》曰：「蓋祖竅者，乃老子所謂玄牝之門也。《悟眞篇》云：要得谷神長不死，須憑玄牝立根基。所以紫陽言：修煉金丹，全在玄牝。于《四百字・序》云：玄牝一竅，而採取在此，交媾在此，烹煉在此，沐浴在此，溫養在此，結胎在此，至于脫胎神

京：北京圖書館出版社），頁 133
〔註23〕《藏外道書》第十冊，頁 652 下。
〔註24〕載於：《道書十二種》，《藏外道書》第八冊，頁 478 下。
〔註25〕《藏外道書》26 冊，頁 612 上。
〔註26〕《藏外道書》26 冊，頁 613 上。

化，無不在此。修煉之士，誠能知此一竅，則金丹之道盡矣。所謂得一而萬
事畢者是也。」〔註27〕、又曰：「昔文始先生問於老子曰：脩身至妙至要，
載於何章？老子曰：在於深根固蒂，守中抱一而已。何謂守中？曰：勤守中，
莫放逸，外不入，內不出，還本源，萬事畢。故老子所謂守中者，守此本體
之中也。……老子所謂抱一者，抱此本體之一也。」〔註28〕、又曰：「大哉
一乎！以其流行謂之炁，以其凝聚謂之精，以其妙用謂之神。始因太極一判，
分居二體之中，日遠日疎，卒至危殆。是以聖人，則天地之要，知變化之源，
取精於水府，召神於靈關。使歸玄牝竅中，得與祖炁聚會，三家相見，合為
一體。先則凝神於混沌，次則寂照含虛空。抱一無離，是為返本還原之妙道
也。」〔註29〕

　　因此，所謂「抱一」，即是凝神於玄牝之門，讓心神處於寂照靜定的狀態。
而「抱元九載」，也可稱為「抱一九載」。所以，「抱元（一）九載」，就跟前
述「面壁九年」的意涵是相似的。

3、鍊氣成神

　　「鍊氣成神」，或稱「煉氣（炁）化神」。又可稱為「中關」或「十月關」。
指在鍊精化氣（炁）的初關基礎上，將精與氣合煉而成之炁，與神合煉，使
炁歸神。也就是說丹法「煉炁化神」階段，亦只是進一步使神炁凝結，由有
為過渡到無為，寂靜觀照，常定常覺，做到一切歸乎自然，進入煉神還虛階
段。〔註30〕伍守陽《天仙正理淺說・道原淺說篇》云：「亦有三關修煉而仙
道得。初關煉精化炁，中關煉炁化神，上關煉神還虛。謂之三關修煉而所以
成仙者。」〔註31〕

4、以神合道

　　「以神合道」，又稱「煉神還虛」。亦可稱為「上關」或「九年關」。所謂九
年者，不是說九年完成大丹，而是用達摩老祖面壁九年的故事，比喻本階段純

〔註27〕《藏外道書》第 9 冊，頁 541 下。
〔註28〕《藏外道書》第 9 冊，頁 543 下～544 上。
〔註29〕《藏外道書》第 9 冊，頁 548 下。
〔註30〕以上說法的詳細論述見於：王沐（1997），《悟真篇淺解・附錄一《悟真篇》
　　　　丹法要旨》（北京：中華書局），頁 301～306；另見於：王沐（2008），《內
　　　　丹養生功法指要・上編・《悟真篇》丹法要旨》（北京：東方出版社），頁 96
　　　　～99。
〔註31〕《藏外道書》第 5 冊，頁 835 上下。

入性功，常定常寂，一切歸元，所以也叫煉神合道。這個「道」即「虛無」。〔註32〕《伍眞人丹道九篇‧末後還虛第九》云：「問曰《直論》中有上關煉神，九年面壁之名，末後還虛，未審煉神義旨。求師詳示。曰：煉神也者，無神可凝之謂也。緣守中乳哺時，尚有寂照之神。此後神不自神，復歸無極，體證虛空。雖歷億劫，祇以完其恒性，豈特九年而已哉！九年云者，不過欲使初證神仙者，知還虛爲證天仙之先務也！故於九年之中，不見有大道之可修也，亦不見有仙佛之可證也。於焉心與俱化，法與俱忘，寂之無所寂也，照之無所照也，又何神之可云乎？故強名以立法，爲末後還虛云爾。」〔註33〕

5、與道合眞

「與道合眞」，又稱「煉虛合道」。內丹學認爲上關之煉神還虛並非最究竟的境界，因爲還有個「虛空」存在，便還是執著於虛空。所以必須要「粉碎虛空」（指進行煉虛合道的功夫，抱本還源，與虛空同體而將虛空粉碎），並且連粉碎虛空之心也要一併粉碎，做到「不知有粉碎」。如此才能「窺破虛空之本體」，即無心於虛空，做到本體虛空。最後再「安本體於虛空中」，而合於太虛，進而契合大道。如此才是所謂「煉虛合道」，亦即臻於「無上至眞之道」與「最上一乘之法」！《性命圭旨‧本體虛空　超出三界》曰：「予又歷觀宋元諸仙，多在此處尸解而去者，豈非龍牙所謂逢烟而休耶？雖則仙去，然缺却末後一段功夫，畢竟有些欠穩處。猶傳大士云：饒經八萬劫，終是落空亡。亦不知壽命有限，而不及脩耶？抑亦不知不得此法，而不能脩也？命宗人只知煉精化炁，煉炁化神，煉神還虛而止。竟遺了煉虛合道一段。……蓋聖脩詣極，自是少一段不得，緣丹經子書，皆不曾言及此末後一着。唯李清庵曾說到這裏。如門人問脫胎後，還有造化麼？清庵曰：有造化在。聖人云：身外有身，未爲奇特，虛空粉碎，方露全眞。所以脫胎之後，正要脚踏實地，直待與虛空同體，方爲了當。」〔註34〕、又曰：「若言體太虛之體以爲體，便是有……箇太虛在，而着於體矣，何以能太虛？……乃至於粉碎虛空，方爲了當。何以？故蓋本體本虛空也。若着虛空相，便非本體，虛空本

〔註32〕以上說法見於：王沐（1997），《悟眞篇淺解‧附錄一《悟眞篇》丹法要旨》，頁306；另見於：王沐（2008），《內丹養生功法指要‧上編‧《悟眞篇》丹法要旨》，頁99。

〔註33〕《藏外道書》第5冊，頁873下～874上。

〔註34〕《藏外道書》第9冊，頁591上下。

粉碎也。若有粉碎心，便不虛空。故不知有虛空，然後方可以言，太虛天地之本體。不知有粉碎，然後方可以言，太虛天地之虛空。究竟到此，已曾窺破虛空之本體，但未得安本體於虛空中。此即《華嚴經》所云：法性如虛空，諸佛於中住。到這裏自知道，虛空是本體，本體是虛空，必須再加功於上上勝進，進進不已，直到水窮山盡，轉身百尺竿頭，至必至於不生不滅之根源，終必終於不生不滅之覺岸。於中方是極則處，此處無也，不過是返我於虛，復我於無而已。……夫空中不空者，眞空也。眞空者，大道也。今之煉神還虛者，尤落在第二義。未到老氏無上至眞之道也。煉虛合道者，此聖帝第一義。即是釋氏最上一乘之法也。」〔註35〕

6、形神俱妙

內丹學在修煉時強調「形」與「神」並重，並認爲「形」與「神」是可以相通而轉化的。因此通過對身體之一系列的轉化修煉，即煉形化氣、煉氣化神、煉神還虛，最後「形」與「神」在「虛」的境界裡達到俱妙的狀態。〔註36〕《秘傳正陽眞人靈寶畢法・卷中・玉液還丹第六》曰：「積陽成神，神中有形。……積陰成形，形中有神。」〔註37〕；《玄宗直指萬法同歸・卷之三・或問金丹性命》曰：「夫此道者，不在身外，不在身內，離之又非，執之又昧，須悟到神形俱妙處，可以外身而身存也。」〔註38〕、又曰：「然不有此身，誰知爲道。不知其道，徒有此身。須是人符於道，道合於人，故曰神形俱妙，與道合眞。」〔註39〕、又曰：「或問：神可長生，形可不死乎？答云：形者，生神之本。養形既至不死，養神豈能有窮。神形俱妙，此上仙之道也。」〔註40〕；《性命圭旨・玉液煉形法則》則云：「蓋吾人靈明一竅，六合而內，六合而外，本無不周，本無不照，其不能然者，爲形所礙耳。直要鍊到形神俱妙，方纔與道合眞。」〔註41〕

〔註35〕 《藏外道書》第9冊，頁591下，594上下。
〔註36〕 關於形體如何與精神合一俱妙，孔德（2014），《道家內丹丹法要義》中提出「肉體氣化」的說法，其云：「形神俱妙，指肉體也已經完全氣化，與陽神合爲一統一的氣體靈人，散則爲氣，聚則成形，故爲形神俱妙。」（北京：中央編譯出版社），頁280。
〔註37〕 《道藏》（三家本），第二十八冊，頁357中。
〔註38〕 《道藏》（三家本），第二十三冊，頁928下。
〔註39〕 《道藏》（三家本），第二十三冊，頁931下。
〔註40〕 《道藏》（三家本），第二十三冊，頁934下。
〔註41〕 《藏外道書》第9冊，頁540上。

7、明心見性

「明心見性」一詞，本是佛教禪學的用語。又可稱爲「識心見性」。《壇經》云：「無上菩提，須得言下識自本心，見自本性。不生不滅，於一切時中念念自見。萬法無滯，一眞一切眞，萬境自如如。如如之心，即是眞實。若如是見，即是無上菩提之自性也。」（行由品第一）、又云：「故知萬法盡在自心，何不從心中，頓見眞如本性？……若識自心見性，皆成佛道。……令學道者頓悟菩提，各自觀心，自見本性。……若識自性，一悟即至佛地。……智慧觀照，內外明徹，識自本心。若識本心，即本解脫。」（般若品第二）、又云：「自識本心，自見本性。」（定慧品第四）、又云：「識自本心，達諸佛理。……念念圓明，自見本性。」（懺悔品第六）、又云：「識自心眾生，見自心佛性。……自見本心，自成佛道。……若向性中能自見，即是成佛菩提因。……識自本心，見自本性。」（咐囑品第十）；易言之，所謂「明心見性」，即是觀照與究明人的「心」（自心、人心）而明見、徹見與了悟人之「本性」（自性、佛性）的妙體與眞理。

北宋金元以來的內丹學受佛教禪學的影響，襲用或化用「明心見性」的用語與思想。如張伯端《悟眞篇》特別對禪宗「明心見性」、「頓悟成佛」的修道方式與理想境界十分推崇，曾聲稱「伯端得達磨六祖最上一乘之妙旨，可因一言而悟萬法也。」〔註42〕。因而在《悟眞篇》書成之後，自覺此書有所不足，故云：「及乎篇集既成之後，又覺其中惟談養命固形之術，而於本源眞覺之性有所未究，遂翫佛書及《傳燈錄》，至於祖師有所擊竹而悟者，乃形於歌頌詩曲雜言三十二首，今附之卷末，庶幾達本明性之道，盡於此矣。所期同志覽之，則見末而悟本，捨妄以從眞。」〔註43〕、「故此《悟眞篇》中，先以神仙命術誘其修鍊，次以諸佛妙用廣其神通，終以眞如覺性遺其幻妄，而歸於究竟空寂之本源矣。」〔註44〕、又《悟眞篇・禪宗歌頌》云：「三界惟心，妙理萬物。非此非彼，無一物非我心。」〔註45〕、又云：「見物便見心，無物心不現。十方通塞中，眞心無不遍。」〔註46〕、又云：「佛即心兮，

〔註42〕《修眞十書・悟眞篇・後敘》，《道藏》（三家本），第四冊，頁749下。

〔註43〕《紫陽眞人悟眞篇注疏・序》，《道藏》（三家本），第二冊，頁915上中。

〔註44〕《修眞十書・悟眞篇・禪宗歌頌》，《道藏》（三家本），第四冊，頁745中。

〔註45〕《修眞十書・悟眞篇・禪宗歌頌・三界惟心》，《道藏》（三家本），第四冊，頁745下。

〔註46〕《修眞十書・悟眞篇・禪宗歌頌・見物便見心》，《道藏》（三家本），第四冊，

心即佛。」〔註47〕、又云：「欲了無生妙道，莫非自見眞心。」〔註48〕

8、性命雙圓

「性命雙圓」，可解釋爲「性命雙修」而圓滿。內丹學理論主張「性命雙修」。性命，指的是「性功」與「命功」。「性功」，稱爲修性，即修煉心、神的功夫。「命功」，則稱爲修命，即煉精、煉氣的功法。內丹修煉的入手順序，可分成「先命後性」與「先性後命」兩種。「先命後性」，指的是先命功、後性功。代表人物爲金丹派南宗的張伯端。「先性後命」則指的是先性功、後命功。代表人物爲金丹派北宗的王重陽。〔註49〕

內丹修煉中南宗強調「先命後性」，北宗則強調「先性後命」。此處先命後性之「性」與先性後命之「性」，兩者是否相同？對於這個問題，筆者認

〔註47〕 頁745下～746上。

〔註47〕 《修眞十書‧悟眞篇‧禪宗歌頌‧即心是佛頌》，《道藏》（三家本），第四冊，頁746下。

〔註48〕 《修眞十書‧悟眞篇‧禪宗歌頌‧西江月　其十二》，《道藏》（三家本），第四冊，頁749上。

〔註49〕 據胡孚琛主編（1995），《中華道教大辭典‧第九類內丹學‧一內丹總論‧性命》中的記載：「內丹學一般以炁爲命，以神爲性，故性命指神炁。……內丹學認爲人體之生成，乃父母初交時一點先天元炁而立命；至十月胎圓，又得先天祖氣一點元陽而有性。此時元氣爲命，元神爲性，性命不分，處於混沌的先天狀態；至降生時，元神歸於心，元炁歸於腎，由先天分判爲後天之性命，始成長爲人。內丹學要由人逆煉成仙，便發展出混合神氣的性命之學。」（北京：中國社會科學出版社），頁1128；而「成熟形態的道教內丹學各門派皆主雙修性命，但在修性修命的先後、主次及下手處等方面則各持己見。其中南北二宗的區別最大。張伯端《悟眞篇》：『虛心實腹義俱深，只爲虛心要識心，不若煉鉛先實腹，且教收取滿堂金。』彭好古注：『虛心是性功上事，實腹是命功上事。……不若煉鉛服食先實其腹，使金精之氣充溢於身，然後行抱一之功，以虛其心，則性命雙修，形神俱妙，大修之事畢矣。』（仇兆鰲《悟眞篇集注》）仇兆鰲補注：『心之所以不虛者，緣汞無鉛伏，故觸境易搖，不若煉鉛以制伏之，使心有所含育也。南宗先命而後性，於此章見之。』（同前）北宗三分命功，七分性功。以清靜爲主，以『識心見性』爲首要。王重陽說：『只要心中清靜兩個字，其餘都不是修行。』（《重陽全眞集‧卷十》）……丘處機說：『吾宗惟貴見性，水火配合其次也。』（《長春祖師語錄》）」（同上）。而所謂「先性後命」即是：「指在性命雙修原則下，倚重於性（心、神）的修煉方式。其主要代表爲北宗。」而「先命後性」則是指：「在性命雙修原則下，倚重於命（身、氣）的修煉方式。其主要代表爲南宗。」（以上見於：胡孚琛主編（1995），《中華道教大辭典‧第九類內丹學‧一內丹總論‧先性後命‧先命後性》，北京：中國社會科學出版，頁1129）。

爲張伯端所謂先命後性之「性」，是在命功的基礎上所得證的「無上至眞之
妙道」（無爲妙覺之道）的性命雙圓之「性」。易言之，先命後性之「性」是
包含命功的性命合一之「性」；而北宗之先性後命之「性」，則是在命功之前
的性功修煉（命前之性），此性功修煉是作爲命功修煉前的一種「見性」功
夫。總之，南宗先命後性之「性」與北宗先性後命之「性」，兩者並不在同
一個層次上論說。此外，張伯端「先命後性」中，命功修煉時所包含的「性
功」與先命後性之「性」的區別，也是一個值得討論的問題。對於這個問題，
清劉一明《道書十二種‧修眞辨難‧卷上》云：「問曰：接命之道，有性理
否？答曰：不能修性，焉能立命？蓋性者命之寄，命者性之存。性命原是一
家，焉得不修性？問曰：性命一家，了命即可了性。何以又有修命之後，還
當修性之說？答曰：修命時所修之性，乃天賦之性；修命後所修之性，乃虛
無之性。天賦之性，從陰陽中來；虛無之性，從太極中來。不得一例而看。」
〔註50〕；「修命時所修之性，乃天賦之性」，意指命功修煉時以「神」運精、
氣，即以「心」、「神」來控制及煉化「精、氣」的火候抽添、藥物煉化的功
夫；「修命後所修之性，乃虛無之性」，即指上述所說，包含命功的性命合一、
性命雙圓之「性」。〔註51〕

9、最上一乘

「最上一乘」，即是「最上一乘丹法」。又稱「上品煉丹之法」。「以身爲
鉛，以心爲汞，以定爲水，以慧爲火，在片餉之間，可以凝結，十月成胎」
〔註52〕。換言之，上品丹法即是直接修性以兼命的丹法，此種丹法即相若於
《眞詮‧序》中所提到的「能忘精神而超生」之道，其云：「忘精神者，虛
極靜至，精自然化氣，氣自然化神，神自然還虛，此虛無大道之學也。……
學虛無大道者，雖不著於精炁，然與道合眞，形神俱妙，有無隱顯，變化莫
測，其壽無量，是了性而自了命者也，舉上而兼下也。」〔註53〕

《眞詮》將道教丹道修煉之學分爲兩種：「能忘精神而超生」與「能見精
神而久生」。「能忘精神而超生」之道，爲上品丹法，其由性功入手，性成後

〔註50〕《藏外道書》第八冊，頁481～482。
〔註51〕 以上說法的詳細論述，見於：段致成（2005），〈第七章　張伯端的丹道易學
　　　　思想‧第一節「性命雙修」的「內丹」思想〉，《道教丹道易學研究——以《周
　　　　易參同契》與《悟眞篇》爲核心的開展》頁201～203。
〔註52〕《修眞十書‧雜著指玄篇》，《道藏》（三家本），第四冊，頁617上。
〔註53〕《藏外道書》第十冊，頁840下。

兼命，是「與道合眞，形神俱妙」，「舉上而兼下」的丹法，類似張伯端所稱讚的「最上一乘」禪法。而「能見精神而久生」之道，則由命功入手，命成後兼存性，是「自下而做向上去」的丹法，類似張伯端南宗「先命後性」的丹法。其云：「見精神者，虛靜以爲體，火符以爲用，鍊精成炁，鍊炁成神，鍊神還虛，此以神馭炁之學也。……以神馭炁則著於精炁矣。然保毓元和，運行不息，冲和之至，薰蒸融液，亦能使形合神，長生不死，是了命而性因以存也，自下而做向上去者也。」〔註54〕

上述兩種丹法，皆是「性命雙修」的金丹大道。《眞詮‧序》曰：「虛無大道，是法身上事；以神馭炁，是色身上事。此二端雖大小不同，然惟此爲金丹之眞諦，大道之正宗。體之有益，修之則成，非若旁門小術，勞而無功者比。」〔註55〕；可以看出不論是「先命後性」的丹法，或「先性後命」類似於禪宗「最上一乘」丹法，皆是「性命雙修」、「形神俱妙」的丹法。《修仙辨惑論》云：「若曉得《金剛》、《圓覺》二經，則金丹之義自明，何必分別老、釋之異同哉？」〔註56〕

此外，必須申明的是：翁葆光《悟眞篇‧注》中的「最上一乘丹法」（上品煉丹之法），是上述「能見精神而久生」之道，由命功入手，命成後兼存性。再往最高層次（最上一乘丹法）邁進與提昇。是「自下而做向上去」、「先命後性」、「性命雙修」、「形神俱妙」的丹法。

綜合上述的說法，筆者依此將「九轉金液還丹」整體功法內容意涵做一綜述：

首先，當完成、達至「金液還丹」的功法與效驗後，此時應當揀選一靜僻之地，做最後階段（煉神還虛階段）——「九轉金液還丹」功法的修煉！取譬於達摩「面壁九年」的典故，此階段要求修煉者心志專一，即進行心神入於定靜常寂而聚煉元神的無爲性功修煉。易言之，即「抱一（元）」，凝神於玄牝之門，讓心神處於寂照靜定的狀態。也就是說此時修煉者即從中關「煉

〔註54〕　《藏外道書》第十冊，頁 840 下。

〔註55〕　《藏外道書》第十冊，頁 840 下。

〔註56〕　《修眞十書‧雜著指玄篇》，《道藏》（三家本），第四冊，頁 618 上。以上關於「上品煉丹之法」的詳細論述，見於：段致成（2005），〈第七章　張伯端的丹道易學思想‧第二節　張伯端的內丹理論與「禪宗」的關係‧上品煉丹之法〉，《道教丹道易學研究——以《周易參同契》與《悟眞篇》爲核心的開展》頁 221～222。

炁化神」晉升上關「以神合道」（純入性功，常定常寂，一切歸元），即煉神還虛的階段。

其次，內丹學認爲上關之煉神還虛並非最究竟的境界，因爲還有個「虛空」存在，便還是執著於虛空。所以必須要「粉碎虛空」，並且連粉碎虛空之心也要一併粉碎。換言之，即進行煉虛合道、「與道合眞」的功夫，抱本還源，與虛空同體而將虛空粉碎。如此才是臻於「無上至眞之妙道」與「最上一乘丹法」！

最後，從中關「煉炁化神」晉升上關「煉神還虛」，再昇入最上一乘之「煉虛合道」，修煉者的身心靈是處於「形神俱妙」（「形」與「神」在「虛」的境界裡達到俱妙的狀態）、「明心見性」（觀照與究明人的自心而明見、徹見與了悟人之本性、佛性的妙體與眞理）及「性命雙圓」（性功與命功雙修而圓滿）的狀態與境界！

三、翁葆光內丹修煉理論之「最上一乘丹法」與佛教禪學的關係

1、與佛教禪學的關連

翁葆光《悟眞篇·注》中「九轉金液還丹」內容之所以與「佛教禪學」產生關聯的原因，從下列有代表性的四段文獻中發現幾項線索。其一，翁氏在敘述「最上一乘丹法」這個命題時，在文獻的結構順序上，將「禪宗性道歌頌詩詞三十六首，畢其卷末」。其二，發現翁氏在敘述「最上一乘丹法」的內容時，喜歡引用佛教禪學的語言、典故與思想。現將這有代表性的四段文獻羅列如下：

（1）《紫陽眞人悟眞篇注疏·序》曰：「形神俱妙，升入無形，與道合眞而不測，是以神性形命俱歸於究竟空寂之本源也，故以禪宗性道歌頌詩詞三十六首，畢其卷末。」〔註57〕

（2）《紫陽眞人悟眞直指詳說三乘秘要·悟眞直指詳說》曰：「面壁九年，以空其心，無人無我，心境一如，故謂之神仙抱一也。正釋子收牛之時，惟識心見性者抱之，則斯道弘矣。九載功備，無爲之性自圓，而慧自生。純陽之體自妙，而神自靈。故得性命，與道合眞而無形矣。無形之形，隨物現相。……變化不測，倏存倏亡，

〔註57〕《道藏》（三家本），第二冊，頁912中。

瞻之在前，忽焉在後，故能分身百億，應現無方，若一月之照萬水，無不週遍。是以隨緣赴感，靡所不應。原其至眞之軀，處於至靜之城，實未嘗有作者。此乃神形性命，與道合眞，而同歸於究竟寂空之本源也。故聖人強名之曰九轉金液大還丹也，又曰金剛不壞之軀，乃爲無上至眞之妙道也。」〔註58〕

　　（3）《紫陽眞人悟眞直指詳說三乘秘要・神仙抱一之道》曰：「九載功圓，則无爲之性自圓，无形之神自妙。神妙則變化无窮，隱顯莫測。性圓則慧照十方，靈通无破，故能分身百億，應顯兄（十）方。而其至眞之體，處於至靜之域，閴然而未嘗有作者，此其神性形命俱與道合眞矣，故謂之神仙抱一之道也。……昔達磨面壁九年，既入滅矣，又携隻履西歸，並化焚身巨燄。形既然矣，而鐸聲猶撼於空中。若此之輩流，未易該舉。倘性命雙圓，形神俱妙，孰能如是。是故仙翁畢其卷末，而以禪宗性道者，實明神仙抱一之道也，故余分爲下卷。」〔註59〕

　　（4）《紫陽眞人悟眞篇注疏・卷八》曰：「仙翁曰：若以眞金妙色之身，證其眞金慈相，巍巍堂堂，爲天人師，示神通力，普現法界，運無碍大慈平等智慧，莊嚴佛土，廣宣妙法，普度衆生，則必兼以識心見性，方弘此道。昔龍女頓悟心珠，便超佛性，乃斯道也。」〔註60〕

　　在結構上翁葆光將「禪宗性道歌頌詩詞三十六首，畢其卷末」，這點是祖述張伯端《悟眞篇》的說法，爲《悟眞篇》做註解的翁葆光自然不能背離所做註解的原始文獻依據。〔註61〕所以光這點還不能完全彰顯翁葆光《悟眞篇・注》與「佛教禪學」的關連。眞正產生關聯的是翁氏引用佛教禪學的語言、典故與思想來敘述「九轉金液還丹」中的「最上一乘丹法」。這些用語

〔註58〕《道藏》（三家本），第二冊，頁1020中下。
〔註59〕《道藏》（三家本），第二冊，頁1022中下。
〔註60〕《道藏》（三家本），第二冊，頁967上。
〔註61〕張伯端《悟眞篇》內容結構的排列順序：正編部分（詩八十一首、詞十二首共九十三首）講述「養命固形之術」，即內丹修煉之「命功」；附錄部分（歌頌詩曲雜言三十二首）則吸收禪宗思想，講述「達本明性之道」，即內丹修煉術之「性功」。《紫陽眞人悟眞篇拾遺》曰：「《悟眞篇》者，先以神仙命脈誘其修鍊，次以諸佛妙用廣其神通，終以眞如覺性遺其幻妄，而歸於究竟空寂之本源矣。」（《道藏》（三家本），第二冊，頁1030中）。

與典故除了前述的「面壁九年」與「明心見性」外，有代表性的尚有「釋子收牛」、「隻履西歸」和「龍女獻珠、龍女成佛」。

比如使用「釋子收牛」來形容修煉者經過「面壁九年」後，達至「空其心，無人無我，心境一如」的精神狀態，這種狀態又可稱爲「識心見性」。如果用內丹學的術語則可稱之爲「神仙抱一」。

又比如使用「隻履西歸」來形容修煉者經過「面壁九年」、「九載功圓」後，所達至「无爲之性自圓，无形之神自妙」、「神妙性圓」（變化无窮，隱顯莫測；慧照十方，靈通无破）之「性命雙圓」的境地。如果用內丹學的術語此境地又可稱之爲「形神俱妙」。

再比如使用「龍女頓悟心珠」（「龍女獻珠、龍女成佛」）來形容修煉者達至「識心見性」的境地而最終成就佛果（以眞金妙色之身，證其眞金慈相，巍巍堂堂，爲天人師，示神通力，普現法界，運無碍大慈平等智慧，莊嚴佛土，廣宣妙法，普度眾生）。此成就佛果的境地則類比於內丹學中成就「無上至眞之妙道」之「九轉金液大還丹」的境地。

以上可以看出翁葆光將「禪宗性道」等同於或類比於內丹學的「神仙抱一之道」。而「神仙抱一之道」又可將「神、形、性、命」一起「與道合眞」而同歸於「究竟寂空之本源」，最終成就「九轉金液大還丹」的境地！

此外，爲了更加理解上述「釋子收牛」、「隻履西歸」和「龍女獻珠、龍女成佛」三詞的具體意義，筆者同樣做出名詞解釋的工作。現分述如下：

（1）釋子收牛

「釋子收牛」，是引用佛教禪學「十牛圖」的典故。宋代廓庵師遠撰繪（一說清居禪師作）。此十圖以牧牛爲主題，並各附自序及偈頌，以闡示修禪之方法與順序。十牛圖頌（全稱住鼎州梁山廓庵和尙十牛圖頌并序），一卷，收於卍續藏第一一三冊。所謂「十牛」，即：（1）尋牛，喻吾人放失本具圓成之心牛，尋於得失是非之中。（2）見跡，喻依經解義，閱教知蹤，漸見心牛之跡。（3）見牛，喻依聞法修學之功，發見本具之心牛。（4）得牛，喻雖得心牛，猶存煩惱習氣，恐再放心，遂加修練。（5）牧牛，圖示持牛之鼻索而牧之，得純和之相。即示身不離修練之意，喻悟後之調心。（6）騎牛歸家，喻脫離情識妄想之羈絆，騎本具之心牛，歸還自己本來之家鄉。（7）忘牛存人，喻若歸本覺無爲之家鄉，無須再修練，則無事安閒。（8）人牛俱忘，喻凡情脫落而全界無物，凡聖共泯，生佛俱空，故圖以空白表之。（9）

返本還源，以水綠山青，不留一塵一埃之圖，喻自己之本心本來清淨，無煩惱、妄念，當體即諸法實相。（10）入鄽垂手，繪濟度眾生而垂慈悲手，入市井之塵境相，以喻不偏居於向上，更能向下入利他之境。〔註62〕

翁葆光《悟眞篇・注》所敘述「九轉金液還丹」中的「最上一乘丹法」的狀態與境界是：「面壁九年，以空其心，無人無我，心境一如，故謂之神仙抱一也。正釋子收牛之時。」；由「空其心」、「無人無我」、「心境一如」及「釋子收牛之時」等敘述可以看出，其正好符合「十牛圖」中第（9）「返本還源」的境界與狀態。

（2）隻履西歸

「隻履西歸」，指達摩手攜隻履回歸西天之事。據景德傳登錄卷三載，達摩於後魏孝文帝太和十九年（西元 495）坐化，葬於熊耳山，起塔於定林寺。三年後，魏使宋雲奉使西域，歸途中遇師於蔥嶺，手攜隻履，翩翩獨行，遂問師何往，師云：「西天去。」又謂宋雲曰：「汝主已厭世。」宋雲聞之茫然，別師東行。既回朝，果然明帝已崩，而孝莊帝繼位。宋雲具奏其事，帝令啟達摩之塔視之，棺空，唯存一履，舉朝驚歎，帝乃詔少林寺請回供養。於唐開元十五年（西元727），此履移置五臺山華嚴寺，後復失竊，不知所終。〔註63〕

翁葆光《悟眞篇・注》談論達摩「隻履西歸」的故事，其用意是：「昔達磨面壁九年，既入滅矣，又攜隻履西歸，並化焚身巨燄。形既然矣，而鐸聲猶撼於空中。若此之輩流，未易該舉。倘性命雙圓，形神俱妙，孰能如是。」；換言之，是說達摩雖爲佛教禪師，但他在修煉上是「性命雙修」、「性命雙圓」與「形神俱妙」，非僅是偏於「性功」的修煉。

（3）龍女獻珠與龍女成佛

「龍女獻珠」，謂龍女以寶珠獻佛，表已證圓果。據《法華經》卷四〈提婆達多品〉載，龍女有一寶珠，價值三千大千世界，持以供佛，佛即納受。龍女謂智積菩薩與尊者舍利弗言：「我獻寶珠，世尊納受，是事疾不？」答曰：「甚疾。」龍女言：「以汝神力觀我成佛，復速於此。」「龍女成佛」，指八歲之龍女由於受持法華經之功德而即身成佛。據《法華經》卷四〈提婆達多

〔註62〕上述說法，見於：星雲大師（1989）《佛光大辭典・第 1 冊・十牛圖》，頁 403～404。

〔註63〕《祖庭事苑》卷二。上述說法，見於：星雲大師（1989）《佛光大辭典・第 5 冊・隻履西歸》，頁 4342～4343。

品〉載，龍女即娑竭羅龍王之女，年甫八歲，智慧猛利，諸佛所說甚深祕藏悉能受持，乃於刹那之頃，發菩提心，得不退轉。復以一寶珠獻佛，以此功德願力，忽轉女成男，具足菩薩行。刹那請住於男方無垢世界，坐寶蓮華中，成正等覺，具足三十二相、八十種好，廣爲人天說法，娑婆世界之菩薩、聲聞、天龍八部、人、非人等皆遙見而歡喜敬禮。〔註64〕

2、翁葆光對佛教禪學的評論

翁葆光對佛教禪學的評論，除了顯現在敘述「最上一乘丹法」時引用佛教禪學的語言、典故與思想外，另外還顯現在兩個方面：其一，對張伯端的徒弟（劉奉眞）同時也具有佛教徒身分的評論上。其二，對於是否是性命雙修，還是僅是偏於修性的評論。現羅列文獻如下：

（1）《紫陽眞人悟眞篇注疏‧序》曰：「向在元豐間，與劉奉眞之徒廣宣佛法，亦以無生留偈入寂。奉眞之徒，已焚其蛻，獲舍利千百，其大如芡。後七年，奉眞之徒到王屋山，復會仙翁如故，此又示其形神俱妙，性命兩全之玄也。」〔註65〕

（2）《紫陽眞人悟眞篇注疏‧卷四》曰：「世有學釋氏性道，執此一切有爲皆是妄者，以其語毀老氏命道。此乃知其一不知其二，窺其門墻而未升堂入室者也。烏知修命之道，始於有作，鍊丹以化形；中則有爲，鍊形以化氣；終則無爲自在，面壁九年，抱一以空其心，以見其性。性即神也，神性一體，變現無方，九載功畢，氣自成神，神自合道。故形與神俱妙而不測，神與道合而無形。形既無已，可得謂之有爲有作而爲幻化乎？安知性非命，命非性耶？強而分之，曰性曰命，混而一之，未始有以異也。故自有作以至於無作，有爲以至於無爲，有形以至於無形也。斯道至大，非中下根氣所能知。」〔註66〕

（3）《紫陽眞人悟眞篇注疏‧卷六》曰：「極樂淨土在西方，西者，金之方。此中惟產金丹，一粒如黍，其重一斤。釋氏餌之，故有丈六金身，妙色身相，蓋亦猶金丹而產化也。丈六亦按二八之

〔註64〕上述說法，見於：星雲大師（1989）《佛光大辭典‧第7冊‧龍女獻珠‧龍女成佛》，頁6376上中。

〔註65〕《道藏》（三家本），第二冊，頁912上。

〔註66〕《道藏》（三家本），第二冊，頁938中。

數,西方即金也,世人莫能曉此。古仙明有歌曰:借問瞿曇是阿誰?住在西方極樂國。其中二八產金精,丈六金身從此得。若人空此幻化身,親授聖師真軌則。霎時咽罷一黍珠,立化金剛身頃刻。斯言盡之矣。外此議論,謾爾度量。右釋教上乘,借喻金丹。」〔註67〕

(4)《紫陽真人悟真篇注疏‧卷八》曰:「人頓悟真心,直超如來真空清靜性海,畢竟有今生後世,出彼入此之軀。曷若兼修金丹,鍊形入於無形,變乎不測,而臻乎千手千眼之應。故於形神性命之道成,彼迴超無漏而具真金慈相,巍巍堂堂,為天人師,證無上至真者哉。」〔註68〕

(5)《紫陽真人悟真篇注疏‧卷八》曰:「金丹能化有形入於無形,故能變化無窮,隱顯莫測。若能兼以識心見性,遣其幻妄,以廣神通,則性命之道雙圓,形神俱妙,則斯道愈弘矣。迴超無漏,而為金剛不壞之軀,乃無上之大道也。故仙翁曰:若以真金妙色之身,證其真金慈相,巍巍堂堂,為天人師,示神通力,普現法界,運無碍大慈平等智慧,莊嚴佛土,廣宣妙法,普度眾生,則必兼以識心見性,方弘此道。昔龍女頓悟心珠,便超佛性,乃斯道也。若或修行之人,厭此幻相,不能修金丹,便欲直超如來真空湛然常寂,此為究竟涅槃三昧,則斯之語言,斯之身相,又非所取也。」〔註69〕

(6)《紫陽真人悟真直指詳說三乘秘要‧悟真直指詳說》曰:「九轉金液大還丹也,又曰金剛不壞之軀,乃為無上至真之妙道也。仙翁獨弘斯道,故以真金妙色之身,證其巍巍堂堂、真金慈相,普現法界,救度眾生。故示劉奉真之徒以性道無生而入寂,後現真身於王屋山中,示二(以)命道不滅而圓通。故於元豐五年三月初五日屍解之時,乃留偈曰:一靈妙用,法界圓通。此非性命之道雙圓,形神之真俱妙,豈能與於此!」〔註70〕

(7)《紫陽真人悟真直指詳說三乘秘要‧神仙抱一之道》曰:「昔仙翁道成之後,示劉奉真之徒以无生而入寂。既入寂矣,而又

〔註67〕《道藏》(三家本),第二冊,頁951下~952上。
〔註68〕《道藏》(三家本),第二冊,頁966中。
〔註69〕《道藏》(三家本),第二冊,頁967上。
〔註70〕《道藏》(三家本),第二冊,頁1020下。

現其身於王屋山中者,即斯道也。昔如來涅槃後,自湧金棺於空中,化三昧火。既焚其身矣,因母哭而不已,又現金身空中,爲說半句偈者,亦斯道也。……是故仙翁畢其卷末而以禪宗性道者,實明神仙抱一之道也,故余分爲下卷。……然而大藏乃有五千四十八卷者,此皆聖人以人昧(昧)道之,甚不獲已而強言之也。欲人因言以明道,道明則言語俱成非矣。故《金剛經》云:如來有所說法,即爲謗佛。是以有言,皆是謗也。今則仙翁歌詠性道,亦不獲已而言之,固已贅矣。此余所以不復加之解釋者,不欲爲畫蛇添足也。」〔註71〕

關於佛教徒劉奉眞與張伯端的師徒關係,在《歷世眞仙體道通鑒・卷四十九・張用成》中曾經提及。〔註72〕另見於段致成〈試論張伯端法脈傳人與「南宗」法脈的定義〉一文中的敘述。〔註73〕此處翁葆光對劉奉眞的敘述與評論,主要在突顯金丹大道是「性命兩全、雙圓」與「形神俱妙」之道,不似佛教徒僅偏修性功。更認爲佛教徒對金丹大道的認知與見解是錯誤的:「世有學釋氏性道,執此一切有爲皆是妄者,以其語毀老氏命道。此乃知其一不知其二,窺其門牆而未升堂入室者也。……斯道至大,非中下根氣所能知。」接著,翁氏便開始敘述金丹的修煉路徑和方式:「修命之道,始於有作,鍊丹以化形;中則有爲,鍊形以化氣;終則無爲自在,面壁九年,抱一以空其心,以見其性。自有作以至於無作,有爲以至於無爲,有形以至於無形。」以及金丹的功用:「金丹能化有形入於無形,故能變化無窮,隱顯莫測。」

此外,翁氏更以丹道式的認知註解與詮釋佛教「極樂淨土」一詞的意義:「極樂淨土在西方,西者,金之方。此中惟產金丹,一粒如黍,其重一斤。」,並認爲佛教教主釋迦牟尼也懂丹道而煉餌金丹:「釋氏餌之,故有丈六金身,妙色身相,蓋亦猶金丹而產化也。丈六亦按二八之數,西方即金也,世人莫能曉此。」

〔註71〕《道藏》(三家本),第二冊,頁1022下～1023上。

〔註72〕《歷世眞仙體道通鑒・卷四十九・張用成》云:「(張伯端)於元豐五年三月十五日,趺坐而化。……一好禪弟子,用火燒化,得舍利千百,大者如茨實焉,色皆紺碧。群弟子至,遂指謂曰:『此道書所謂舍利耀金姿也』。後七年,劉奉眞遇紫陽於王屋山,留詩一章而去。」(《道藏》(三家本),第五冊,頁383下)。

〔註73〕段致成(2012),〈試論張伯端法脈傳人與「南宗」法脈的定義〉,《成大宗教與文化學報》,19,頁29～30。

　　此處，產生一個問題是：釋迦牟尼所煉金丹的入手路徑是否同於傳統內丹學的入手路徑（先命後性）？關於這個問題，筆者前述註解「性命雙圓」與「最上一乘」時曾提及的「上品丹法」。釋迦牟尼所修丹法即是「上品丹法」！「上品丹法」即是直接修性以兼命的丹法，此種丹法即相若於《眞詮·序》中所提到的「能忘精神而超生」之道，其云：「忘精神者，虛極靜至，精自然化氣，氣自然化神，神自然還虛，此虛無大道之學也。……學虛無大道者，雖不著於精炁，然與道合眞，形神俱妙，有無隱顯，變化莫測，其壽無量，是了性而自了命者也，舉上而兼下也。」〔註74〕；「能忘精神而超生」之道，爲上品丹法，其由性功入手，性成後兼命，是「與道合眞，形神俱妙」，「舉上而兼下」的丹法，類似張伯端所稱讚的「最上一乘」禪法。易言之，「最上一乘」禪法由性功入手，性功成就後自然兼修命功，亦是性命雙修及雙圓的「形神俱妙」之道！

　　最後，翁氏更以佛教《金剛經》中的語言思想，敘述其不註解「禪宗性道歌頌詩詞三十六首」的原因：語言文字的功用是載道而使人「明道」（了解眞理），當「道明」之後，語言文字的功用就已完成而不用執著於語言文字的形式：「大藏乃有五千四十八卷者……欲人因言以明道，道明則言語俱成非矣。」因此，翁氏便引用《金剛經》中「如來有所說法，即爲謗佛。」的說法，認爲「是以有言，皆是謗」而認爲註解「禪宗性道歌頌詩詞三十六首」是「畫蛇添足」的作爲！

　　在翁葆光對於佛教禪學的評論中，焦點集中在其是否是性命雙修，還是僅是偏於修性的評論時，引申出判教內丹學與佛教（二乘禪法）的修行優劣，亦即是區分「陽神」與「陰神」的問題。現羅列文獻如下：

　　　《紫陽眞人悟眞篇注疏·卷二》曰：「仙有數等，陰神至靈而無形者，鬼仙也。……形神俱妙，與道合眞，步日月無影，入金石無礙，水火不焚溺，變化無窮，或老或少，隱顯莫測，若存若亡，消則成氣，息則成形，著龜莫能測，鬼神莫能知者，天仙也。」〔註75〕

　　　《悟眞篇注釋·卷上》曰：「仙有數等，陰神至靈而無形者，鬼仙也。……形神俱妙，與道合眞，步日月无影，入金石无礙，變化无窮，或老或少，或隱或顯，或存或亡，聚則成形，散則成氣，

〔註74〕《藏外道書》第十冊，頁840下。
〔註75〕《道藏》（三家本），第二冊，頁921上。

著龜莫能測，鬼神莫能知者，天仙也。」〔註76〕

《紫陽眞人悟眞篇注疏‧卷六》曰：「鑑形、閉息、思神法，乃出陰小乘之法耳。初學亦甚艱難，及其習慣純熟，坦然無礙，瞬息之間，遍遊萬國，其英靈爽妙如此。奈何其形屬陰，形殼難固，易於弊壞，不免投胎奪舍，如移居也。」〔註77〕

《悟眞篇注釋‧卷中》曰：「鑒形、閉炁、思神之法，初學甚難。及至習熟，坦然无礙，瞬息之間，遍遊萬國。蓋其陰神善爽靈妙如此，奈何其形屬陰，易弊難固，不免投胎奪舍者也。」〔註78〕

《紫陽眞人悟眞篇注疏‧卷六》（戴起宗）疏曰：「鑑形者，懸鑑于室，存神於中而出。閉息者，閉一身之氣，如人未生在胎之時。以鴻毛著鼻上，毛不動，能十二息爲小道，能一百二十息爲大道，能至於千，去仙不遠。如達磨《胎息論》、智者修《出入息儀》。二乘坐禪法，禪定而出。思神者，存神於一處。或眉間頂上，或大洞三十九戶，或黃庭內外二氣，或修十六觀而出。諸術皆無金丹點化，皆是陰神。」〔註79〕

《紫陽眞人悟眞篇注疏‧卷六》曰：「投胎奪舍，四果之徒，特陰靈之鬼耳。道光曰：投胎奪舍，是執空之徒。降龍伏虎，是還丹之妙。」〔註80〕

《悟眞篇注釋‧卷中》曰：「投胎、奪舍、移居之法，謂之四果修行，屬陰神，爲鬼仙，非陽仙也。若能驅龍駕虎，鍊餌金丹，化形入於无形而爲陽仙，始得形神俱妙，與道合眞，自不枯矣。豈比他陰神耶？故崔公云：靈光歸去入幽寂，死作陰冥善爽鬼是也。」〔註81〕

《紫陽眞人悟眞篇注疏‧卷六》（戴起宗）疏曰：「陰靈生識，投母胎以出世。奪舍者，他識已入胎，我奪有之以出世。移居者，

〔註76〕《道藏》（三家本），第三冊，頁3下～4上。
〔註77〕《道藏》（三家本），第二冊，頁952上。
〔註78〕《道藏》（三家本），第三冊，頁23下。
〔註79〕《道藏》（三家本），第二冊，頁952下。
〔註80〕《道藏》（三家本），第二冊，頁953上。
〔註81〕《道藏》（三家本），第三冊，頁23下。

借化人之生身，而投識於中。舊住者，守陰靈之性以存身，形不入
寂滅。四果皆無金丹點化，盡是陰神。右道釋小乘。」〔註82〕

　　佛教的「二乘禪法」（類似道家的閉息法，爲出陰神的小乘之法，非究竟
最上一乘禪法）〔註83〕，因爲僅偏修於性功，所以只能出「陰神」。而「二乘
禪法」則又同於小乘「四果」（投胎、奪舍、移居及舊住）修行，因爲皆無金
丹點化，盡是陰神，爲鬼仙。其不似性命雙修、形神俱妙的金丹大道能化有
形入於無形，聚則成形，散則成氣而爲「陽神」之陽仙（又稱神仙，神仙是
最高等級天仙的次一等）。〔註84〕

　　此處產生一個問題，就是：何謂「陰神」？何謂「陽神」？關於這個問題，
我們引用《歷世眞仙體道通鑒・卷四十九・張用成》中的故事來說明。其云：
「嘗有一僧，修戒定慧，自以爲得最上乘禪旨，能入定出神，數百里間頃刻輒
到。一日與紫陽相遇，雅志契合。紫陽曰：禪師今日能與同遊遠方乎？僧曰：
可也。紫陽曰：唯命是聽。僧曰：願同往楊州觀瓊花。紫陽曰：諾。於是紫陽
與僧處一淨室，相對暝目趺坐，皆出神遊。紫陽纔至其地，僧已先至，繞花三
匝。紫陽曰：今日與禪師至此，各折一花爲記。僧與紫陽各折一花歸。少頃，
紫陽與僧欠伸而覺，紫陽云：禪師瓊花何在？僧袖手皆空，紫陽於手中拈出瓊
花，與僧笑玩。紫陽曰：今世人學禪學仙，如吾二人者亦間見矣。紫陽遂與僧
爲莫逆之交。」〔註85〕；此故事記載金丹派南宗的祖師張伯端曾遇一修戒定慧
自以爲得最上乘禪旨，能入定出神，數百里間頃刻輒到的僧人。於是兩人便相
約出神遊揚州觀瓊花，並以折一花爲記。結果僧人取不出瓊花，而張伯端卻手

〔註82〕　《道藏》（三家本），第二冊，頁953上。

〔註83〕　《修眞十書・悟眞篇・序》云：「惟閉息一法，如能忘機絕慮，即與二乘坐
　　　　　禪頗同。若勤而行之，可以出定出神。奈何精神屬陰，宅舍難固，不免長用
　　　　　遷徙之法，既未得金汞還返之道，又豈能迴陽換骨，白日而昇天哉？」（《道
　　　　　藏》（三家本），第四冊，頁711下）。

〔註84〕　《鍾呂傳道集・論眞仙》中將仙分成五等，即鬼仙、人仙、地仙、神仙與天
　　　　　仙。天仙是最高的級別。其云：「呂曰：『所謂天仙者，何也？』鍾曰：『地
　　　　　仙厭居塵境，用功不已，而得超脫，乃曰神仙。神仙厭居三島而傳道人間，
　　　　　道上有功，而人間有行，功行滿足，受天書以返洞天，是曰天仙。既爲天仙，
　　　　　若以厭居洞天，効職以爲仙官：下曰水官，中曰地官，上曰天官。于天地有
　　　　　大功，於今古有大行。官官升遷，歷任三十六洞天，而返八十一陽天，歷八
　　　　　十一陽天，而返三清虛無自然之界。』」（《道藏》（三家本），第四冊，頁658
　　　　　上）。

〔註85〕　《道藏》（三家本），第五冊，頁382下～383上。

中拈出瓊花與僧笑玩。事後伯端弟子不解，即問曰：「彼禪師者，與吾師同此神遊，何以有折花之異？紫陽曰：我金丹大道，性命兼修，是故聚則成形，散則成氣，所至之地，眞神見形，謂之陽神；彼之所修，欲速見功，不復修命，直修性宗，故所至之地，人見無復形影，謂之陰神。……得金丹之道，性命兼修，是爲最上乘法。……其定中出陰神，乃二乘坐禪之法。」〔註86〕

　　所謂「陰神」，指的是偏於性功的修煉，因爲缺乏命功的煅煉，所以出神離體後形體不俱，人見無復有形影。不似性命兼修的金丹之道，因爲兼修性命，所以出神離體後可以聚則成形，散則成氣，所至之地，眞神見形。易言之，因爲形體與精神同時經過煅煉，所以眞神與形體可以同時顯現（眞神見形），此「眞神見形」的狀態就是所謂「陽神」。

　　此外，「陰神」與「鬼仙」產生連結，「陽神」則與「神仙」（陽仙）產生連結。關於「陰神」與「鬼仙」連結的問題，我們引用《鍾呂傳道集》與《海瓊白眞人語錄》中的說法來說明。《鍾呂傳道集‧論眞仙》云：「呂曰：『所謂鬼仙者，何也？』鍾曰：『鬼仙者，五仙之下一也。陰中超脫，神像不明，鬼關無姓，三山無名。雖不入輪迴，又難返蓬瀛。終無所歸，止於投胎就舍而已。』呂曰：『此是鬼仙，行何術、用何功而致如此？』鍾曰：『修持之人，始也不悟大道，而欲於速成。形如槁木，心若死灰，神識內守，一志不散。定中以出陰神，乃清靈之鬼，非純陽之仙。以其一志陰靈不散，故曰鬼仙。雖曰仙，其實鬼也。古今崇釋之徒，用功到此，乃曰得道，誠可笑也。』」〔註87〕、《海瓊白眞人語錄‧卷一》云：「一念清靈，魂識未散，如夢如影，其類乎鬼，此陰神也。」〔註88〕；因爲「陰神」乃是偏修性功所致，其是「神識內守，一志不散」之純精神性的清靈，如夢如影，類似鬼魂，所以又稱爲「鬼仙」。

〔註86〕《道藏》（三家本），第五冊，頁383上中。
〔註87〕《道藏》（三家本），第四冊，頁657中。《歷世眞仙體道通鑒‧卷四十九‧張用成》中也有同樣的說法。其云：「定中出陰神，乃二乘坐禪之法。奈何其神屬陰，宅舍難固，不免常用遷徙。一念差誤，則透靈別殼異胎，安能成佛，是即我教第五等鬼仙也。其鬼仙者，五仙之下一也。陰中超脫，神像不明，鬼關無姓，三山無名，雖不入輪迴，又難返蓬瀛，終無所歸，止於投胎奪舍而已。其修持之人，始也不悟大道，而欲於速成，形如槁木，心若死灰，神識內守，一志不散。定中以出陰神，乃清靈之鬼，非純陽之仙。以其一志，陰靈不散，故曰鬼仙。」（《道藏》（三家本），第五冊，頁383中）。
〔註88〕《道藏》（三家本），第三十三冊，頁115。

至於「陽神」與「神仙」（陽仙、純陽之仙）連結的問題，我們同樣引用《鍾呂傳道集》與《海瓊白眞人語錄》中的說法來說明。《鍾呂傳道集·論眞仙》云：「呂曰：『所謂神仙者，何也？』鍾曰：『神仙者，以地仙厭居塵世，用功不已，關節相連，抽鉛添汞而金精鍊頂。玉液還丹，鍊形成氣而五氣朝元，三陽聚頂。功滿忘形，胎仙自化。陰盡陽純，身外有身。脫質升仙，超凡入聖。謝絕塵俗以返三山，乃曰神仙。』」〔註89〕、《海瓊白眞人語錄·卷一》云：「脫胎換骨，身外有身，聚則成形，散則成炁，此陽神也。」〔註90〕；所謂「陽神」，是經性命雙修後所產生的結果，其是經歷「鍊精化炁」、「鍊炁化神」過程之後，所統合的精、氣（精、氣的統合稱炁）而最終「神、炁合一」的元神。易言之，「陽神」是含攝「炁」於神中的「身外有身」。而經過性命雙修出陽神所成就的即所謂「陽仙」（純陽之仙，又稱神仙）。

總之，翁葆光對佛教禪學的評論，主要是針對「二乘禪法」（二乘坐禪法）。因爲二乘禪法偏修性功，無金丹點化，僅能出陰神而成就鬼仙。所以，翁氏評論說：「若或修行之人，厭此幻相，不能修金丹，便欲直超如來眞空湛然常寂，此爲究竟涅槃三昧，則斯之語言，斯之身相，又非所取也。」；因此，呂洞賓《敲爻歌》云：「只修性，不修命，此是修行第一病。只修祖性不修丹，萬劫陰靈難入聖。達命宗，迷祖性，恰似鑒容無寶鏡。壽同天地一愚夫，權物家財無主柄。性命雙修玄又玄，海底洪波駕法船。生擒活捉蛟龍，始知匠手不虛傳。」〔註91〕

四、結　論

首先，因爲在《悟眞篇·注》的文獻次序上，翁葆光在談論「九轉金液還丹」時先行敘述「金液還丹」的效驗以作爲過渡，所以筆者本文就依此文獻次序先行論述「金液還丹」次第階段時修煉者所產生的效驗（身心變化與境界）。接著，筆者對「九轉金液還丹」功法的文獻內容敘述做出了名詞術語解釋的工作，包括：（1）「面壁九年」、（2）「抱一與抱元九載」、（3）「鍊氣成神」、（4）「以神合道」、（5）「形神俱妙」、（6）「與道合眞」、（7）「明心見

〔註89〕《道藏》（三家本），第四冊，頁658上。
〔註90〕《道藏》（三家本），第三十三冊，頁115。
〔註91〕《呂祖志·卷六·藝文志·雜著十條》，《道藏》（三家本），第三十六冊，頁484下。

性」、（8）「性命雙圓」、（9）「最上一乘」。藉著解釋這些名詞術語，可以讓我們更加地明瞭「九轉金液還丹」功法之內容意涵。名詞解釋後，筆者再進行整體功法綜述之文獻詮釋方式論述。

其次，翁葆光《悟眞篇‧注》中「九轉金液還丹」內容之所以與「佛教禪學」產生關聯的原因，筆者爬梳選取關於「九轉金液還丹」中有代表性的八段文獻中發現兩項線索。其一，翁氏在敘述「最上一乘丹法」這個命題時，在文獻的結構順序上，將「禪宗性道歌頌詩詞三十六首，畢其卷末」。其二，發現翁氏在敘述「最上一乘丹法」的內容時，喜歡引用佛教禪學的語言、典故與思想。而眞正產生關聯的是第二項線索。這些佛教禪學的用語與典故除了前述的「面壁九年」與「明心見性」外，有代表性的還有：（1）「釋子收牛」、（2）「隻履西歸」、（3）「龍女獻珠、龍女成佛」這三項。筆者亦對這三項內容做了名詞術語的解釋工作。

最後，在翁葆光對佛教禪學的評論方面，除了顯現在敘述「最上一乘丹法」時引用佛教禪學的語言、典故與思想外，另外還顯現在兩個方面：其一，對張伯端的徒弟（劉奉眞）同時也具有佛教徒身分的評論上。其二，對於是否是性命雙修，還是僅是偏於修性的評論。

在翁葆光對劉奉眞的敘述與評論中，主要在突顯金丹大道是「性命兩全、雙圓」與「形神俱妙」之道，不似佛教徒僅偏修性功。更認爲佛教徒對金丹大道的認知與見解是錯誤的。此外，翁氏更以丹道式的認知註解與詮釋佛教「極樂淨土」一詞的意義。並且翁氏更以佛教《金剛經》中的語言思想，敘述其不註解「禪宗性道歌頌詩詞三十六首」的原因。

在翁葆光對於佛教禪學的評論中，焦點集中在其是否是性命雙修，還是僅是偏於修性的評論時，引申出判教內丹學與佛教（二乘禪法）的修行優劣，亦即是區分「陽神」與「陰神」的問題。筆者在此定義了何謂「陽神」與何謂「陰神」，並將「陰神」與「鬼仙」產生連結以及「陽神」與「神仙」（陽仙）產生連結的原因作出論述說明。

引用資料

（1）專　書

1. 王沐（1990），《悟眞篇淺解》，北京：中華書局。
2. 王沐（2008），《內丹養生功法指要》，北京：東方出版社。

3. 孔德（2014），《道家內丹丹法要義》，北京：中央編譯出版社。

4. 李中華注釋（2000），《六祖壇經》，台北：三民書局。

5. 李涵虛（1994）《道竅談》，《藏外道書》，第 25 冊，四川：巴蜀書社。

6. 胡孚琛主編（1995），《中華道教大辭典》，北京：中國社會科學出版社。

7. 星雲大師（1989），《佛光大辭典》，第 1 冊、第 5 冊、第 7 冊，北京：北京圖書館出版社。

8. 翁葆光註，陳達靈傳，戴起宗疏（1994），《紫陽眞人悟眞篇注疏》，《道藏》（三家本），第二冊，上海：上海書店。

9. 翁葆光註，陳達靈傳，戴起宗疏（1994），《紫陽眞人悟眞直指詳說三乘秘要》，《道藏》（三家本），第二冊，上海：上海書店。

10. 翁葆光註，陳達靈傳，戴起宗疏（1994），《悟眞篇注釋》，《道藏》（三家本），第三冊，上海：上海書店。

11. 翁葆光註，陳達靈傳，戴起宗疏（1994），《悟眞篇》，《修眞十書》，《道藏》（三家本），第四冊，上海：上海書店。

12. 翁葆光註，陳達靈傳，戴起宗疏（1994），《鍾呂傳道集》，《修眞十書》，《道藏》（三家本），第四冊，上海：上海書店。

13. 翁葆光註，陳達靈傳，戴起宗疏（1994），《歷世眞仙體道通鑒》，《道藏》（三家本），第五冊，上海：上海書店。

14. 翁葆光註，陳達靈傳，戴起宗疏，唐梅彪著（1994），《石藥爾雅》，《道藏》（三家本），第十九冊，上海：上海書店。

15. 翁葆光註，陳達靈傳，戴起宗疏（1994），《道樞》，《道藏》（三家本），第二十冊，上海：上海書店。

16. 翁葆光註，陳達靈傳，戴起宗疏（1994），《雲笈七籤》，《道藏》（三家本），第二十二冊，上海：上海書店。

17. 翁葆光註，陳達靈傳，戴起宗疏（1994），《玄宗直指萬法同歸》，《道藏》（三家本），第二十三冊，上海：上海書店。

18. 翁葆光註，陳達靈傳，戴起宗疏，葛洪著（1994），《抱朴子內篇》，《道藏》（三家本），第二十八冊，上海：上海書店。

19. 翁葆光註，陳達靈傳，戴起宗疏（1994），《秘傳正陽眞人靈寶畢法》，《道藏》（三家本），第二十八冊，上海：上海書店。

20. 翁葆光註，陳達靈傳，戴起宗疏（1994），《海瓊白眞人語錄》，《道藏》（三家本），第三十三冊，上海：上海書店。

21. 翁葆光註，陳達靈傳，戴起宗疏（1994），呂洞賓《敲爻歌》，《道藏》（三家本），第三十六冊，上海：上海書店。

22. 作者不詳（1994），《伍眞人丹道九篇》，《藏外道書》，第 5 冊，四川：巴

蜀書社

23. 作者不詳（1994），《天仙正理淺說》，《藏外道書》，第 5 冊，四川：巴蜀
書社。

24. 劉一明（1994），《象言破疑》，《道書十二種》，《藏外道書》，第 8 冊，四
川：巴蜀書社。

25. 劉一明（1994），《修眞辨難》，《道書十二種》，《藏外道書》，第 8 冊，四
川：巴蜀書社。

26. 作者不詳（1994），《性命圭旨》，《藏外道書》，第 9 冊，四川：巴蜀書社。

27. 作者不詳（1994），《梅華問答篇》，《藏外道書》，第 10 冊，四川：巴蜀
書社。

28. 作者不詳（1994），《天仙金丹心法》，《藏外道書》，第 25 冊，四川：巴
蜀書社。

（2）論　文

1. 段致成（2005），《道教丹道易學研究——以《周易參同契》與《悟眞篇》
爲核心的開展》，台北：臺灣師範大學國文所博士論文。

2. 段致成（2013），〈試論翁葆光《悟眞篇‧注》的內丹理論——以「煉己
修性」之法爲討論核心〉，《成大宗教與文化學報》，20，頁 85～110

3. 段致成（2015），〈試論翁葆光《悟眞篇‧注》的內丹理論——以「玄關
開竅」與「先天一氣」爲討論核心〉，《成大宗教與文化學報》，22，頁
109～158

4. 段致成（2016），〈試論翁葆光《悟眞篇‧注》的內丹理論——「金液還
丹」以爲討論核心〉，《台灣宗教學會年會第 9 屆學術研討會論文集》，台
北：政大宗教研究所。

5. 段致成，〈現存南宋金元時期《悟眞篇》註本分析與「悟眞學」的提出與
定義〉。